人生を変える 33の質問

自分らしく生きるためのワークブック

ワタナベ薫

大和書房

美しくあるより
美しく生きる。

生きるということは、
成長すること。
人は常に学び、常に変化し、
自分の望む方向へ導かれます。
あなたの人生が美しく
輝くようにと願いをこめて。

はじめに

あなたは今の自分の人生に満足していますか？

「あんなふうに生きられたら……」と誰かと比べてみたり、「もっとお金や時間があったらなあ」と諦めてしまっていることはないでしょうか。

誰もが、今より良い人生、もっと自分をいかした生き方をしたいと願っています。

本書を手に取ってくださった方もきっと、「今年こそは生き方を変えたい」と思っていらっしゃるのではないでしょうか。


２０２０年は世界中の人にとって生き方を考え直さざるを得ない一年となりました。

いつでも行けると思っていた場所に行けなくなり、いつでも会えると思っていた人と会えなくなり、自分と向き合う時間が増えた人も多かったと思います。

しかし、いくら「生き方を変えたい」と思っても、どこから手をつけたらいいかわからないですよね。簡単には転職できないし、子どもがいるから引っ越しもできないし、人間関係もいろいろなしがらみがあるし……というように「できない理由」が、たくさん思い浮かぶはずです。

当然です。

なぜなら、人は無意識で変化を嫌うからです。

変化できない理由を探してくるのは、脳の得意技なのです。

でも本当は、人生は「ある瞬間」から変えることができます。

それはあなたが「変わる！」と決意したそのときです。

人生では、ときにひどくつらい経験をすることがあります。そのどん底で、「もういいかげんこんな生き方はイヤだ！　変わりたい！」と強く思ったとき、変わり始める人はたくさんいます。

今の人生に妥協し、不平不満や文句ばかり言って過ごすこともできますが、「今度こそ変わる！」と決意したとき、それがあなたの人生の大きな転換点となります。

大切なのは、覚悟をするかどうかなのです。

本書は、自分に質問をすることで潜在意識に問いを投げかけ、あなたが本当に送りたかった理想の人生を再発見するお手伝いをする本です。

今は、多様な価値観やテクノロジーの進化の中で、とても不安定な状態です。

不安定な時代において自分の軸が定まっていないと、容易に流され、「自分の理想」すら見失ってしまいます。

理想の人生を送るには、どんな状況にあっても、まわりに流されないように自分の価値観や信念のようなものを自分の中に通すことが必要なのです。

まずは、自分で自分の理想の姿を知っておきましょう。

大切なのは、「自分に問う」ことです。

自分は、本当はどう在りたいのか？

どんな人生を歩みたいのか？

何を望み、何を望んでいないのか？

それらを明確にし、自分の理想の人生を具体的に描いてはじめて、理想を目指して進むことができるのです。

理想を具体化するために、この本では各章末に「質問シート」をつくりました。質問に答えるだけで、自分がこれから克服すべき課題、そして進むべき道が見えてくるように設定しています。

質問に答えるときには、必ず今の自分の思いに正直に書くようにしてみてください。本に書き込むのが嫌な方は、別の紙に書いても、何かの裏紙でも大丈夫です。大切なのは、心の中で思っているだけでなく、手を動かして書き出すことです。

また、各章を読む前に、自問することもおすすめです。

「この章のテーマとなっている〇〇とは何だろうか？　この章で自分にとって必要な学びはなんだろうか？」

読む前にこのように自問すると、脳は答えを探そうと無意識に動きだしますから、そのあとに読む文章の中から、今の自分に必要な情報が自然に飛び込んでくることになるのです。能動的な読書は確実に効果が出ますから、ぜひ試してみてください。

課題が見つかったときには、次の言葉を思い浮かべるのも効果的です。

「私はこの課題に取り組むことで一つまたステージが上がっている」


必要なヒントを得て自ら変わろうとするとき、人は本当に変化し、輝いていきます。

本書を読み終えたときにはきっとあなたも輝きが増して、人生が理想通りに変わり始めることでしょう。

質問には、楽しんで答えてくださいね。

本書を読み終えたときが、あなたの人生の第二章の幕開けです。

人生を変える33の質問

CONTENTS

CONTENTS

第2章

自尊心と主体性を持つ

第3章

本当の思いやりを知る

第8章

身近な愛に気づく

第9章

品格あるお金の遣い方をする

第10章

徳を積む習慣を身につける

第11章

運を味方につける

第1章

余裕のある時間をすごす

ゆっくり動いて精神を安定させる

最初の章のテーマは、「余裕のある時間をすごす」です。

あなたにとって余裕がある状態とはどのような状態でしょうか？

現代はみんな忙しい生活をしています。朝早くから夜遅くまで働いている人もいますし、共働き家族も増えてきているので、家事と仕事と子育ての中で時間に追われている人もたくさんいるでしょう。子どもたちも習い事や塾でいっぱいいっぱいで、余裕がない子がとても多く感じます。

しかし実は、**時間は「本人の受け止め方」次第で変わります。**

ある人は、「忙しいけど自分の意思でやっているから楽しい！」と言いますし、またある人は、「忙しいばかりで自分を見失いそうでつらい」と言います。

忙しいという言葉をポジティブに受け止めている人は、適度なストレスを感じながらも自律神経のバランスがとれていて、それを乗り越えることを楽しんでいる様子がうかがえます。

こういう人は忙しいこと自体あまり気にしていません。気持ちの余裕もあり、人生を楽しもうという意欲もありますから、時間をやりくりして趣味を楽しんだり、健康に気を遣うこともできています。

逆に、忙しいという言葉をネガティブに感じている人は、ストレスを感じて自律神経のバランスを乱したり、自分を見失ってトラブルを起こしてしまうこともあります。

そのような人は、心に余裕がない状態です。こんなに忙しいのだから、楽しみに時間を割いたり、自分に手をかける暇などあるわけがないと思いこみ、自分の時間をコントロールできずに悪循環に陥っている人もいます。

忙しいときこそ、美しいものを見るべき理由

「忙しい」という意味を持つ日本語にはおもしろい表現がたくさんあります。

たとえば、「髪を振り乱す」「猫の手も借りたい」「尻に火がつく」「わき目もふら

ず」「一刻の猶予も許さない」など、いろいろな表現があります。

これらの言葉を一つ一つ見てみても、忙しいということは余裕がある状態とかけ離れていることがわかります。また、日々の中にある「美しさ」に意識を向けられないほど切羽詰まった状態が浮かびます。

「美しさに意識を向けられない」というのは、自分の外見に手をかけることを指すわけではありません。

ふだん目の前に存在しているごく普通の花や、動物、景色を見て、「ああ、これって、こんなにキレイだったんだ」と気づけるということは、気持ちに余裕があることの表れです。

こういう小さな美しさにも気づけないのが、余裕のない状態。周囲の景色すら目に入ってきていないのです。

このように余裕がなくなってしまったとき、どうすれば余裕を持てるようになるでしょうか？

前提として、**女性は男性に比べてセロトニンを生成する能力が低いと言われていま**

す。セロトニンというのは、神経伝達物質なのですが、幸福ホルモンとも言われ、心の安定や安らぎをもたらす物質と言われています。

セロトニンが満ち足りているときにはストレスにも上手に対処できるのですが、セロトニンが不足してくるとストレスに圧倒され、やる気がなくなったり、集中力がなくなったり、イライラしたりという状態になってしまいます。

このセロトニンをしっかり分泌させるには、

□朝太陽の光を身体に浴びる
□規則正しい生活を送る
□ウォーキングなどのリズム運動をする
□深呼吸をして自律神経を整える
□思いきり泣く

などの方法があげられます。

また、ほかにはデザートなどの甘いものを食べているときや、リラクゼーション効果のあるマッサージなどの施術を受けているとき、休息時にも出ると言われています。
最近では、セロトニンはその9割が腸内でつくられていることも明らかになっていますので、積極的に発酵食品を食べるなど、腸内環境を整えることによって分泌するともいえるでしょう。

これらは生活の基本かもしれませんが、すべてできているかと言われると私を含め、そうではない方がほとんどではないかと思います。

でも、生活を整えることは、心の健康を保って理想の人生に向かうためにもっとも必要な土台となるのです。

行動を変えれば心も変わる

さて、**「余裕」を持つためにできるもう一つの方法は、「型から入る」こと。**

つまり、余裕のある人の立ち居振る舞いを真似してみるのです。

現代人は活動を促す役割をする交感神経が優位な状態の人が多く、休息をとるのが下手な人が増えています。

ですが、ベストな状態というのは、活動のスイッチをオンにする交感神経とスイッチをオフにして休む副交感神経が一日のうちできちんと切り替わり、それぞれの役割を果たせるようにバランスを保っているときです。自律神経の切り替えがうまくいっている状態が、あなたの能力がもっとも発揮できる状態なのです。

でも、いつも「忙しい、忙しい」と口にしたり、「時間がない！」と考えていると、脳は「実際以上に忙しい」と勘違いし、ますます交感神経のスイッチを入れて頑張らねばと余裕を失ってしまいます。

意識は生理反応に影響を及ぼしますから、あまり忙しいと思っていると身体が緊張状態になり、ますますストレスを抱えてしまうのです。

しかし、脳と生理現象の関係では逆もまた然り。**身体の動きを変えることで意識に影響を及ぼすこともできます**。

ですから、余裕のある人と同じようなテンポで行動することで脳を落ち着かせてあげましょう。

たとえば、**落ち着いてゆっくり話すように意識すること**。

忙しいときや急いでいるときは早口になりがちですが、そうすると呼吸が浅くなり、焦ってまわりが見えなくなってしまいます。すると正常な判断力を失って、つい余計なことまで口走ったり、攻撃的な態度に出てしまうことがあります。

でも、ゆっくり話していると、だんだん脳は「今は余裕があるのだ」と勘違いを始めるのです。

自律神経に詳しい順天堂大学の小林弘幸教授によれば、ゆっくり話すと呼吸もゆっくりになりますので、自然と深い呼吸になるそうです。深呼吸というのは、副交感神経を優位にしてくれるので、リラックスできて自律神経のバランスが整ってきます。またセロトニンがしっかり分泌されるようになりますので、ストレスにも負けにくい体調になり、元気もでてきます。

自分の考えをまとめながら話すためにもゆっくり話すのは有効です。考えながら話すことで、余計なことを言う確率も減ります。

ゆっくり話す人は、落ち着いていて心に余裕があるように見えますし、説得力があります。それゆえに、周囲から信頼感を持たれやすいのです。

余裕を感じさせる言動は、**表情筋の動きや所作などすべての細かい動きにも影響してきますので、見た目の美しさにもかかわってきます。**

「優雅」を意識してみる

私たちはどうしても心に余裕がなくなると先を急ぎがちです。時間がない、という思いにとらわれて、急ぐ必要のないところでも急ごうとします。すると、仕事だけでなく料理や洗濯などの家事でも、気を配るべきものを取りこぼして失敗してしまいがちです。

でも、本当は1分1秒を争うほど急ぐ必要のある場面はありませんよね。

だから私は、「時間はたくさんある」と、自分に言い聞かせるようにしています。

たとえば、目の前の信号が点滅していても走らないことにしています。それは「**時間に支配されないように生きる**」と決めたからです。

「私は時間セレブなので、信号が赤になって数分待ったくらいで一日の予定は崩れない」というセルフイメージを持つようにして、焦らないようにしているのです。そして、逆にゆっくりのんびり優雅に歩くよう意識します。そう、優雅に、です。

おもしろい実験をしたことがありました。

混雑した街の中で、道のど真ん中を優雅にゆっくり自信をもって歩いてみるのです。

するとまるで、聖書の登場人物のモーゼの前で海が割れて道がサーッとできるかのように、人々はよけてくれます。街の人ごみの中では、優雅に歩いているほうが他の人にぶつかりにくいのです。

みなさんも一度やってみてください。

それくらい、優雅さは存在感にも影響を及ぼすものです（子どもとご年配の人はぶつかりやすいので気をつけてくださいね）。

さらには、朝の歯磨きをするときは、歯を一本一本意識しながら丁寧に磨くとか、エレベーターの閉ボタンを連打しないとか、たまには携帯の電源を切って一人でのんびりする、などのように、意識的に余裕を生み出す方法はたくさんあると思います。

こうしたゆっくりとした行動＝「型」から入っていくと、不思議と心も連動して、落ち着きと優雅さが身についてきます。

余裕をもてば、正しい判断ができるようになる

このようにして、忙しくても気持ちに余裕をもてるようになると、今度は余裕の質を向上させていこうという方向に意識が向いていくのを感じられることでしょう。

たとえば私の場合、自分のためにコーヒーを淹れるときは豆から挽いて淹れます。飲むときのカップもこだわっていて、昔はお客様に出していたようなものを、十年前からふだん使いにして自分のために使っています。まるで自分をもてなすような気持ちです。

これが私にとっての贅沢な時間であり、気持ちのゆとりを生み出してくれる方法です。もちろん、マグカップで簡単にコーヒーを飲むこともありますが、忙しいときこそ5分でもいいので、上質な時間を自分につくるだけで心の余裕が生まれるものです。

あるいは、入浴剤やシャンプーにこだわってバスタイムの質を上げること、香りや寝具の肌ざわりにこだわって睡眠の質を上げること、または自分がくつろげる空間を家の中につくることなど、できることはたくさんあるはずです。

こうしたこと一つ一つが、私たちの余裕の幅をさらに広げてくれることになります。もともと日本の文化には、茶道、華道、能などといった、ゆっくり動く文化があります。そうした文化を学んでみるのも上質な時間をもつ助けになるでしょう。

忙しい生活をしていますと、物事を一つの方向からしか見られなくなったり、近視眼的になって、浅はかな判断しかできなくなってしまうことがあります。

しかし、余裕のある人は視点が高く、また視点をたくさん持っています。一つの事象を右から見たり、左から見たり、上から下から斜めから……さらには、視点を高くしていって抽象度をあげた見方ができるようになります。

たとえば友だちが自分に急に冷たくなったとしましょう。

そっけない態度になり、連絡も以前より少なくなったとします。

そんなとき、物事を一方からしか見ない人は、「急に態度を変えて何なの？」と腹を立てたり、「嫌われてしまった」と落ち込んでしまうかもしれません。

しかし余裕があれば、その不可解に思える言動をたくさんの視点から見ることができます。

「きっと何か嫌なことが続いて精神的につらい時期なのかもしれない」とか、「何かについて誤解しているのかもしれない」とか、あるいは「自分の勘違いかもしれない」と思うこともできます。

そして、そこからさらに一歩進んで洞察力を働かせたり、関係性を冷静に見ることもできるでしょう。**結果として、誤解から大切な友人を失うこともなくなるのです。**

型を意識して行動を変えるだけでさまざまな点が改善します。

今日から、日々の生活の中に深呼吸できる余裕をつくっていきましょう。

Q 1 /33

あなたにとってホッとできる時間は
何をしているときですか?
毎日そういった時間をとるとしたら、都合のいい時間は何時頃ですか?
できるだけ具体的に書いてみましょう。

Q 2 /33

身近な人でも芸能人でも、余裕のある立ち居振る舞いをする
ロールモデル（模範）としたい人をあげてみてください。
その人のどんな点から余裕を感じますか?
3点あげて書き出してみましょう。

Q 3 /33

自分に余裕がないと感じるのはどんなときですか?
そんなときに余裕を取り戻せる方法を考えてみましょう。

第2章

自尊心と主体性を持つ

自分で決めるから人は学べる

この章のキーワードは「自尊心」と「主体性」の二つです。

本題に入る前に、それぞれの意味について考え、そして「自尊心」と「主体性」はどのように関係しているか考えながら理解を深めていきましょう。

英語のプライド（Pride）とは、「誇り」や「自尊心」として訳され、自分の心の内に持っておく信念や譲れないものというイメージですが、日本語の一般的な意味合いとしては、「うぬぼれ」「虚栄心」「傲慢」などの意味でつかわれることが多いように感じます。他人から見下されたくない、という強がりのような思いが裏返って人を見下すような態度に出てしまい、「プライドが高い人」と言われることもあります。

つまり、**よく言われる「あの人プライド高いよね」という状態は、実は劣等感に由来しているのです。**

他人と比較して優れていると感じるものをことさらに強調したり、自分の欠点を認められずに「できない自分」を責めたり、失敗を恐れて保守的になってしまうような心が不安定な状態は、劣等感からきているのです。

自分の軸ができておらず常に土台が不安定な状態ですから、まわりの人と比較した結果を根拠にして自信を持とうとします。すると少しでも失敗することを恐れ、常に結果に執着してチャレンジを恐れるようになってしまいます。


一方、自尊心とは言葉の通り、自分を尊重する気持ち、自分で自分の価値を認めることができている状態を表します。

自分の感情や考え方にＯＫを出すことができ、「自分のありのままを尊重している」「欠点のある自分も受け入れている」「失敗を恐れない」というように、心が安定している状態でもあります。

自尊心とは人に侵されることのない、自分だけに根拠のある自信なのです。

では、あなたは自尊心を正しく持てているでしょうか？　あなたの自尊心を知るためのチェックテストをしてみましょう。

□まわりの目が気になる
□他人の意見はすべて受け入れてしまう
□自分の失敗を笑えない
□自分を変えたい
□なんとなくまわりの人や物事にイライラする
□人と比べてしまいがち
□自分の容姿がよくないと思う
□落ち込みやすい
□自分が好きか嫌いかと訊かれたら嫌いである
□自分の間違いに敏感である
□他人に厳しい
□あまり笑わない

このチェックリストに五つ以上当てはまるようなら、あなたの自尊心は低めかもしれません。

自尊心が低くなると、プライドで自分を保とうとする人もいます。それは、苦しみが伴うものです。

中には「私は別にプライドなんて持ってないです」とおっしゃる方もいるのですが、プライドという言葉の意味は先ほど述べた通り、他者との比較、失敗を恐れること、心が不安定であることを意味します。意識せずとも、自分を守ろうとして自然に出てしまうこともありますので注意が必要です。

反応ではなく、自らの意志で選択する

では次に、「主体的」という言葉について考えてみましょう。

主体的とは、自分の意志、判断に基づいて行動するさまを表しています。

世界的ベストセラー『7つの習慣』（キングベアー出版）という本の中でスティーブン・R・コヴィー博士は、「主体性とは、人間として自分の人生に対して自ら選択し、自ら責任をとるということ」と定義しています。

ここでは、自ら責任をとると表現されていますが、「責任」という英単語のスペルは“responsibility”です。この単語は、“response（反応）”と“ability（能力）”が組み合わされたものです。つまり**「責任」とは「自分の反応の仕方を自ら選択、管理する能力」のことです。**

ですから、自分の人生の選択も、その途中で起こる出来事に対する自分の反応の選択も、すべて自分の意志で行うことだと言えます。**自分で自分の心を管理できている状態なのです。**

では、「主体的」の反対は何でしょうか？『7つの習慣』という本の中では、主体的の反対は「反応的」とされています。反応的というのは、自分の意志ではなく、まわりの環境に大きな影響を受けている状態です。

たとえば天気、社会的な環境、他人の言動などに大きく左右され、振り回されるということです。自分の軸がないために、いつもまわりに流され、まわりを気にしているので、気持ちが休まることなく非常に疲れてしまいます。

さて、ここまで言葉の定義について考えてきましたが、それではこの章の課題に入ります。「自尊心と主体性を持つ」とはどういう意味なのでしょうか？

簡単に言うと、「自分のありのままを尊重し、自分の意志をもって人生も思考も自分で選択していく」という意味になります。すべて自分を中心に置いて考えますので、他人の評価は入っていません。

つまり、「自分は」どうしたいのか？　「自分は」どう在りたいのか？　という気持ちに正直であることが大事です。

これだけですと少し抽象的ですので、具体的にどうすればいいのか解説していきましょう。

自分の長所を自覚する

では自尊心を高めるような行動を起こしましょう。

まず、親（できれば両親それぞれ）に、自分のいいところを10個以上紙に書いてもらいます。親がいなければ身近な誰かでもＯＫです。

頼みづらいことを人に協力してもらうときのコツは、「本に書いてあったワークなんだけど協力してもらえる？」とか、「先日行ったセミナーの宿題なんだけど協力してもらえる？」など理由を説明することです。あなた自身も、理由があったほうがお願いしやすくなると思います。

さらに「私もあなたのいいところ、書くね」といえば、相手もきっと真剣に取り組んでくれるはず。とくに自尊心が低めだと思われる方は、ぜひ試してみてください。

両親や身近な人にお願いできたら、さらにほかの人にも（できれば2～5人くらい）自分のいいところを10個以上書いてもらいます。彼氏でも友人でもいいし、大でもお子さんでもOKです。

そして、次に自分でも自分のいいところを20個以上書きます。これは、誰に見せるわけでもありませんので、謙遜は一切なしで、見た目も内面も含めてとにかく書き出してみます。

次に、第三者が書いてくれたことをじっくり眺めて、意外だったところやうれしかったところに丸印をつけて読み上げ、しばらくそのまま味わってください。

次に自分の書いたものと自分以外の人が書いてくれたものを比較して、共通点を洗い出します。

他者評価と自己評価が重なったものは、もう〝事実〟ですから、受け入れることが

できるはずです。

次に、自分では気づいていなかったけれど第三者がいいところとして書いてくれた点もピックアップしてみましょう。二人以上の人が、あなたのことを共通して評価していたことも、〝事実〟として受け入れやすくなるはずです。

こうしてセルフイメージを上書きしていくのです。

自分を大切にすることで自尊心が育つ

セルフイメージとは自己認知といって、自分で自分をどう思っているか、ということです。セルフイメージは幼少時代からの経験や、親からの影響、まわりの人々からの影響で自分の中につくられていきます。つまり、自分でつくっているというよりもまわりから影響されてつくった「自分の思い込み」である可能性が高いのです。

自尊心が低いときというのは、他者の評価に敏感にもなっています。

ですから、こうして他者が評価してくれた自分のいいところを受け入れることができれば、やがてそれが自尊心を育てたり、高いセルフイメージをつくる材料となります。

このワークはかなり有効で、実践したクライアント全員にとても良い変化がありました。

こうして自尊心の土台をつくったうえで次のステップは、**自分を大切にする行為をコツコツ行うことです。**

自分を大切にする行為とは、食生活を整えたり、身体のメンテナンスをすること、心に負担をかけ続けることをせず、大切な恋人を扱うかのように自分を扱うこと。それと同時に、**小さな成功体験をちゃんと認めて褒めること。**そしてあなたを蔑むような人とは付き合わないことなどによって、健全な自尊心を培うことです。

健全な自尊心が育まれれば、主体性まではあと一歩です。

人に決めてもらう人生をやめる

主体的な人生を歩むためには、**主体的と反対の「反応的な状態」をできるだけなくすよう努力することが必要です。**

反応的な状態とは、まわりの環境や他の人の意見に振り回されている状態です。自分の気持ちを押し殺している抑圧状態でもあります。

抑圧を続けて我慢していると、本当は嫌だと思っていたのに、だんだん嫌なのかどうかさえわからなくなるくらい、心が麻痺してしまうこともあります。こうなると、ますます他者依存的な考え方に陥り、一種のマインドコントロールのような状態になります。

何かに依存している人というのは、自分が依存していることに気づいていません。マインドコントロールされている人ほど「私はマインドコントロールされていないわ」と自信たっぷりに言いますよね。

逆に「私、依存気味なんです」と言われる方は、もう依存から抜け出している途中か、もしくは大丈夫な人です。自分でそれに気づいているかどうかが、判断のポイントです。

他者依存の状態は「外部」に判断を預けてしまっていますから、人生の幸福度が環境やまわりの人次第で変わってしまいます。

そして、自分で選択したり決定したりする責任から逃れ、正しい答えをまわりに求めようとします。常に欠乏感を感じ、誰かに与えてもらうことで安心感を得ようとします。もし失敗したときには、まわりのせいにして自分を守ろうとします。こうした言動の中には、自分がいません。

しかし、自分の人生のハンドルを他の誰かに握ってもらい、右に行くのも左に行くのも決定してもらう人生というのは、本当に満足できるものなのでしょうか？

自分にとって正しいと思える答えは、自分の中にしかないのです。

主体的に生きれば自信がついてくる

私の男性のクライアントで、自尊心も主体性もまったくなかった人の経験をお伝えいたしましょう。

彼は、自信がなく依存的な性格を直したいという動機でコーチングに申し込んできました。まわりの人や親に言いたいことも言えずいつも我慢していて、人と比べて自分はダメだと思い込み、自分の意見に自信がないので、いつも人にどうしたらいいか答えを求めていました。

コーチングでわかったことは、その関係性は彼の母親が原因でつくられていたということです。

彼は一人暮らしをしていましたが、いつも面倒を見てくれる母親を頼っていました。母親もまた息子が依存してくれることを望み、息子の決定はことごとく否定して、いつも自分の考えを押し付けている状態だったのです。これでは自分の考えに自信を持てませんし、主体的な行動もできません。

コーチングしていくうちに、彼はまず母親と向き合うことを決めました。最初のステップとして、母親に否定されたとしても自分の意見を言うよう努力しました。最初の頃、母親は自分の意見に抵抗する息子にびっくりして恐怖を感じ、より一層息子を自分の価値観で染めようとしました。

しかし彼は、「自分のことは自分で決められるし、たとえ間違った決定をしてしまったとしても、そこから学べばいいことなんだ」と伝えたのです。

母親に自分の考えをはじめて強く言えたとき、彼には小さな自信が芽生えました。そして、それを皮切りに、少しずつですがまわりの人にも意見を言えるようになっていったのです。

やがて自分で物事を主体的に選んだり、行動したりできるようになり、「自己責任」とはどういうことかも経験を通して学びました。

たとえ何かが失敗に終わっても、学びを得たのだからいい経験だった、と思えるようになってからは、**失敗した経験でさえもが自信になっていったのです。**

彼は、「母にマインドコントロールされている状態だと気づいたときはびっくりしましたが、気づいた瞬間、霧が晴れた感じがしました。そして、なんでも自分で決定できる、ということがどれだけ素晴らしいかがわかりました」と仰っていました。

このように**自分で主体的に人生を決定できるようになるとそれが自信と自尊心にもつながっていき、プラスのスパイラルに乗りだすのです。**

自分の人生は一回きり。

後悔しないためにも、残りの人生は主体的に、やりたいことは我慢しないでチャレンジし、言いたいこと、言うべきことは相手に伝えましょう。

そして理想の人生に向かってやりたいことすべてにトライしながら、大暴れの人生にしていきましょう。

Q 4 /33

自分のまわりの人に書いてもらった「自分のいいところ」の中で気に入ったものを5個書いてみましょう。ぜひ改めて喜びに浸ってください!

Q 5 /33

あなたはこれからどの分野で主体性を発揮していきたいですか?

仕事でも、家庭生活でも、またはファッションでも、料理でも、インテリアでも、どんなことでもいいので、考えてみましょう。

そして、なぜそれを選んだのか、理由も書いてみましょう。

Q 6 /33

今のあなたの自尊心度を数値化してみましょう。
100点満点のうち、現在のあなたは何点ですか?
あと20点あげるとしたら、どんなことが必要ですか?

第3章

本当の思いやりを知る

相手に関心を持つということ

この章のテーマは、「思いやり」です。

理想の人生になぜ「思いやり」が必要なのか不思議に思う人もいると思いますが、実は人間の幸福をもっとも左右するのは人間関係です。ハーバード大学の心理学者ロバート・ウォールディンガー氏は75年間にわたって700人以上の人生を観察する研究を行いましたが、その結果は「どんなに恵まれた環境でも、愛情ある人間関係にはかなわない」というものでした。その人間関係の土台となるのが「思いやり」です。

思いやりとは、辞書によると、**「その人の身になって考えること。察して気遣うこと。同情」**（大辞林第三版）と書かれています。

類語で見てみると、「親切な気持ち」「人の苦しみへの深い理解と同情」「他人のために尽くす心」「他人を慮ること」「他人がどう思うかを考える心」とあります。

思いやりのある行動というのは、心理学では「向社会的行動」という言葉で表されています。「反社会的行動」と反対の意味ですね。

アイゼンバーグというアメリカの心理学者によれば、向社会的行動、つまり思いやりある行動には四つの特徴があると言われています。

＊他の人を援助する行動であること
＊他の人から報酬を得ることを目的としないこと
＊時間や費用や労力などの何らかの損失を伴うこと
＊自発的になされること

簡単に言うと、**見返りを期待せずに自分の意思で他人の役に立つような言葉をかけること、あるいは行動すること**。とても理性的な行為であると言えます。

具体的には、次の二つを意識して行動することが大切になってくると思います。

＊人が嫌がることをしないこと

＊相手にとって有益なことをすること

実はこの二つを上手に取り入れた考え方が、「ホスピタリティ」、いわゆる「おもてなし」の行為です。

ホスピタリティとは、人を不快にしないためのマナーに「心」を加えたものと言われています。

マナーだけですとビジネスライクになってしまったり、冷たい感じになってしまいがちですが、そこに思いやりの心を加えることで柔軟性を持たせ、**ルールよりも相手の満足感を優先させようとするのがその特徴です。**

私は、このホスピタリティの重要性を、三年前にリッツ・カールトンのレジェンダリーサービスというセミナーで学びました。

プラチナルールとゴールデンルール

リッツ・カールトンには、ホスピタリティを高めるためのさまざまな方針がありますが、その中にプラチナルールという言葉があります。

同じような言葉で、聖書にはゴールデンルールと言われるものがあり、自分にしてほしいと思うことを他の人にもするよう推奨する教えがあります。

でも、こういわれても違和感を覚えることもありますよね。なぜなら、自分の好みと他人の好みが違うことがあるからです。関心を払われるのが好きな人もいますが、逆にそれが苦手な人もいます。プレゼントをもらうのが好きな人もいますが、苦手に感じる人もいます。

それに対して、ホスピタリティとしてのプラチナルールは「**相手が求めていることを行う**」ように定めています。

私たちは、他の人が求めていることを完全に理解することはできません。理解するためには観察力が必要ですし、その人が何か好みについて発言したら、それを覚えておくなどの気遣いや努力も必要です。

いつでも自分のやり方や好みが相手に通じるものではありませんから、接するときは相手に対していつでもアンテナを張り巡らしておく必要があります。相手をよく観察し、共感し、自分のこだわりを捨てることも必要となります。

つまり、**思いやりというのは、「感情的な優しさ」だけではなく、「理性的な思考」も必要となるのです。**

やることがたくさんあって大変そうに思えますが、ここでは誰でも相手が必要としていることがわかる方法を一つだけ、お伝えしたいと思います。

これはコーチングでもコーチがクライアントによく使う方法なのですが、端的にいえば「**相手にどうしてほしいかを訊く**」ことです。

とってもストレートで単純な方法ですが、確実性があります。自分の頭の中だけで勝手にあれこれ考えて相手の望みを想像するよりずっと確実に望みをかなえてあげられるからです。

独りよがりのゴールデンルールを振りかざして自分の親切を押しつけることは、真のホスピタリティではありません。人は自分に示された親切は無下《むげ》には断れないものだからです。

私たちは、本当はうれしいと思っていないことに対して、相手に「ありがとう」を言わせてしまうことがないよう、気をつけなければいけないのです。

「気遣っている」という気持ちを伝える

たとえばとくに相手に思いやりを示したいと思うのは、相手が傷ついているときや苦しんでいるとき、悲しんでいるとき、元気がないときではないでしょうか。私たちには本能的に同情心が備わっているので、そうした人を見たときには自然と優しくしたくなるものです。

しかし、同じ元気がないときでもタイプによって、ソッとしておいてほしい人もいますし、悩みを聞いてほしいと思う人もいます。ある人は共感を求めますし、ある人は叱咤激励を求めています。さまざまなタイプがあるからこそ、**相手がどれを望んでいるかなど、本当のことはわからないのが当然です。だからこそ相手に訊くのです。**

相手がつらそうな状況になっているとき、あなたがそれを察知したとしましょう。そんなときは、思い切って訊いてみてください。

「なんかつらそうに見えるけど、こういうときってどうしてほしい？　ソッとしておいてほしい？　話を聞いたほうがいい？」

これだけで、あなたが相手に優しい関心を払っていることは十分に伝わります。相手も自分の望むことを言いやすくなるでしょう。

何十年一緒に住んでいる夫婦でも、わかり合えないことはあります。多くを語らない関係になればなるほど、いちいち「こうしてほしい」「ああしてほしい」と言わなかったり、勝手に諦めていたりすることもあります。親子でも同じですし、もしかしたら立場が弱いほうが我慢していることもあります。

コーチングのセッションの中でこのアイデアをお伝えすると、「訊くなんて失礼な気がします」と言う方もいらっしゃいますが、そんなことはありません。

コーチングのセッションでも「訊く」という手段は頻繁に使います。

たとえば、クライアントが何度も同じ思考でグルグルと悩んでしまい、出口が見えなくなってしまっている場合、コーチはクライアントに「私になんて言ってほしいですか？」と訊きます。

そうすれば、相手が望んでいることを知ることができます。

こちらが「あなたに必要なことはすべてわかっています！」というような気負った

態度では相手も言い出しにくくなりますが、肩の力の抜けた姿勢で率直に訊くことで、相手は望む対応の仕方を伝えてくれるようになるのです。

もちろん訊いた後は、相手の望むことを頭にストックしておいてください。こうして相手の好みを一つ一つ理解していくことで、再び困ったときに必要な手が打てる可能性が上がります。

それはまるでホテル、リッツ・カールトンが、お客様の好みや望むこと、習慣などを完璧に知っているのと同じです。

たとえば、このお客様は卵が食べられないとか、枕はそばがらの枕じゃないとダメである、ということをデータに残しておくからこそ、次にいらしたときにお客様が何も言わなくてもその対応をスマートにして差し上げることができるのです。

もちろん、お客様の好みだからと何かをサービスした結果、こちらが予想した通りに相手が快い反応を返してくれなくても、がっかりしてはいけません。何を求めていらっしゃったのか、前回と何が違うのか、またよく観察する必要があります。

見返りを期待するのではなく、ひたすら相手にいい時間を過ごしてもらうという信念に従って親切を示す行為。感情を優先するのではなく、理性的にホスピタリティを追求するからこそ、最高のサービスになるのです。

こう考えてみますと、**思いやりを示すというのは相手に対する関心の高さを表現することとも言えますよね。「私はあなたを大切に思っています」というメッセージを行動を通して伝えるのです。**

家族にこそ、思いやりをしめす

自分でも、誰かからの思いやりを感じるときというのは、大きなプレゼントやなにか特別なことをしてもらったときばかりではなく、ちょっとした配慮やなにげない親切を受けたときではありませんか？　**もらったものや手間は小さくても、相手が自分のことを考えてくれたことが感じられて、うれしく思うはずです。**

日常の小さなシーンに、思いやりはあふれています。

もともと日本の文化というのは、挨拶の仕方、あいづちの多様性、うなずき、遠慮、敬語など、ホスピタリティの要素が多分に含まれています。

こうした一つ一つを丁寧に行うことはすべて、まわりの人を気持ちよくさせ、人間関係を円滑にしてくれる行為です。

マザー・テレサはかつて、こう言いました。「私たちはこの世では大きいことはできません。小さなことを大きな愛をもってするだけです」

これをうけて私がこの章でみなさんに一番おすすめしたいのは、まずは家族に対する思いやりの実践です。

家族は社会の最小単位です。そして、**もっとも思いやりが省略されがちな場所でもあります。**

ご両親、配偶者、子どもたち、または祖父母たちは、本来ならば誰よりもあなたからの思いやりを必要としています。どうぞ面倒くさがらずに、言葉と行動で思いやりを示してみてください。

リッツ・カールトンのプラチナルールに従えば、大切なのは「いま相手は何を望んでいるか？」を知ることでした。

相手の状況を観察してみてください。

子どもは今日は学校で特別な催しものがあったでしょうか？

緊張して臨んでいましたか？

準備などで頑張りましたか？
夫がいつもより疲れているように見えますか？
ご両親がいつもより元気なさそうでしたか？
ならばねぎらいの言葉や、何があったかを聞いてあげることも思いやりです。

そのように思いやりある言葉を発したり、態度をしめしたりすると、相手は疲れがとれ、そしてあなたに対して深い愛着を感じます。
明日からの活力もうまれますし、家族がさらに大きな愛に包まれ、人生が豊かになるのです。

Q 7 /33

日常生活で思いやりをしめせる場面で思い浮かぶものはありますか?

（例：ゴミ出しのときに管理人さんに挨拶する、コンビニの店員さんにお礼を言う、
会社のプリンターの紙を朝イチに補充する、など）

Q 8 /33

思いやりをしめそうとするとき、ストッパーになるのはどんな気持ちですか?
その状況を思い出して気持ちを書き出してみましょう。

Q 9 ／33

あなたが日ごろから思いやりを示しづらいと感じる人は誰ですか？
その人にまず小さなことで思いやりを示せるとしたら、
どんなことができそうですか？

第4章

慎みという美しさを手に入れる

思慮深く生きる

この章のテーマは、「慎み」です。

一見、理想を貫くのと反対に思えるかもしれませんが、主張するばかりでは人生はうまくいきません。本書は幸福な人生のために書いていますので、長期的な視野をもって読んでみてください。

まずは言葉の意味から考えてみましょう。

「慎み」とは、辞書によると、「**謙虚な気持ちでいること。控えめにしていること**」とあります（大辞林第三版）。

もうちょっとわかりやすくするために、類語で考えてみましょう。

「慎み」の類語であげられているのは、「遠慮深い」「控えめ」「しとやか」「行儀よい」「礼儀正しい」「落ち着きがある」「わきまえる」などの言葉です。

これらの言葉から感じられるものは、決して強く主張することのない、控えめな姿勢。物事をわきまえていて、思慮深く、礼儀正しく、「動と静」でいうと「静」の響きを感じさせます。土台がしっかりとあるような安定感も感じられます。

日本の美意識の一つである「わび・さび」のような、華美な装飾のない静寂の中に豊かさや美しさが感じられるイメージです。

「静」という言葉には「音がない」とか、「動かない」などの意味があり、少し消極的なイメージがあるかもしれませんが、それだけとは限りません。

一つのたとえ話で考えてみたいと思います。

夜空に浮かぶ人工衛星を想像してみてください。

人工衛星は、地上の私たちからは静止しているように見えても、実際は地球の自転の速度に合わせて高速で移動しているという話を聞いたことがある人はたくさんいらっしゃると思います。

つまり、静止というのは、本当に止まっているという意味だけでなく、人工衛星のように、**視点を変えれば動いているともいえるような「相対的な静止」の意味もあるのです。**

車で考えても同じです。二台の車が同じ時速100キロのスピードで走っている場合、運転手同士はお互いが静止しているように見えるかもしれません。

ですが、歩道から眺める人からは、二台の車が同調しながらすごい勢いで走り去っていくように見えるはずです。

これを人に当てはめて考えてみると、**一見落ち着いていてどっしりしているように見える人は、周囲の流れに同調するのが上手な人ということになります。**

「静」というのは、決して何もしない、何も考えないという消極的な意味ではなく、周囲を観察する能力に優れ、適切な反応をすることができる、という意味にもなるのです。「静観する」という言葉も、何かあっても冷静に事の流れを見守り、最善の行動を見極めようとすることです。

だからこそ、周囲にあわせて一緒に動くだけでなく、ときには動かないことを選択することもあるでしょう。周囲の物事の流れをよく観察したうえで合わせて動く、あるいはまだ時期ではないから動かないことを選択する、そうした適切な判断の積み重ねが「慎み」という言葉につながってきます。

そう考えると、「慎み」という消極的に見える言葉もイメージが変わってくるのではないでしょうか？

自分なりの生き方があって、世の中を自分なりに分析できて、そのうえであえて主張しないことを選択する主体的な特質。つまり、**ただ単に儀礼や慣習に従っておとなしく生きることは、慎みとは違うということです。**

慎みのある人は決して派手ではありませんが、一本筋が通っていて落ち着きがあります。

もし慎みや思慮深さなどの「静」の部分がおろそかならば、それはいずれ行動などの「動」の部分にも影響してきてしまうでしょう。

他者の目を忘れているから美しい

この慎みを身につけると「ただそこにいるだけで美しい」状態になります。

それは極めて自然な状態と言えます。

たとえば道端の花のように、主張することもなく、アピールすることもなく、ただそこに静かに咲いているだけで、気づいた人に癒しや喜びを感じさせる美しさがあるのです。

これを人に当てはめて言うと、自分を飾り立てて魅力を一生懸命アピールしようといった状態とはまるで逆の「素」の状態で自然体。その力の入っていないリラックスした物腰からは、凜としたオーラや信頼のおける人となりが感じられます。

このような自然体には、どうしたらなれるのでしょうか？

「あるがまま」の自分になる、という言葉は、近年よく言われています。しかし、考えてください。「あるがまま」でいるということを、〝意識〟している時点で、もうそれは「あるがまま」ではないのです。意識しているのですから。

そうではなく、逆に**とことん今の状況に没頭している状態、何かに集中している状態のほうが、「あるがまま」の状態に近いのです。**

「無我夢中」というのは、あることにすっかり心を奪われて集中し、我を忘れることという意味があります。

つまり、他のことを考えられないくらいに目の前のことに没頭する。**認められたい**

とか、褒められたい、儲けたい、チヤホヤされたいなどの欲求が吹っ飛ぶくらいに集中している状態をつくることこそが、「あるがまま」への近道なのです。

道端に咲く花は、認められたいから咲いているのではありません。何かに執着しているわけでもありません。ただ、ひたすら生命の営みとして、一生懸命自分にできることを精一杯やっているだけです。

それを見た人が勝手に感動して、きれいだと感じたり、素晴らしいなどの評価をしているのです。

たとえば、あなたは会社で誰に頼まれることなく事務所の中の掃除をしたり、ゴミを拾ったり、時々花を買ってきて飾っていたとしましょう。

それは誰かに認められたいからとか感謝されたいからとかではなく、あなた自身がきれいなほうが気持ちがいいから、という自然な気持ちでやっているはずです。だって、誰もあなたがそうしてくれていることを知らないのです。

ときにはひどく汚れている日もあるでしょう。「誰にも頼まれていないけれど、朝この状態では一日の始まりが嫌な気分になってしまう……」、そう思って腕まくりをして一心不乱にシンクを磨いているあなたを見て、その姿に美しさを感じる人がいるのです。

髪が乱れていようと、ゴム手袋をしていようと、そのような姿こそが美しいのです。

また、私たちは「人の行い」だけでなく、絵画や音楽、彫刻、詩などの芸術にも強く心を動かされることがあります。

これは、作家のエネルギーの波動に共鳴しているから。作者のそのときの感動、心の状態が、見ている者にも伝わって感情を動かすからです。

名声を求めるでもなく、富を求めるでもなく、作者がただひたすら感じて没頭した、その渾身《こんしん》のエネルギーが強ければ強いほど、作品に命がこもっていくのです。

そこに感動が生まれ、それを人は美しいと評価するのです。

ですから、その場所にいて輝こうとか目立とうとか、一花咲かせてやろうということではなく、**ただそこにいるだけであふれるエネルギーがほとばしっている状態こそが美しさなのです。**

そうした美しさは、外見を飾り立てる美しさよりもはるかに強く、オーラのように輝きわたります。

誰に言われるでもなくコツコツと積み重ねてきたものがエネルギーとなって発散されているからです。

「究極の集中」という美しさに気づく

以前、弊社が開催したロンドンのセミナーでお会いした二人の女性音楽家もそうでした。

一人の女性は、「練習を一日休むと、三日分は遅れてしまうから休むことができない。そして、現状で満足して自分を納得させたい気持ちと、まだまだ上を目指したいという向上心のはざまで悩む。苦しいけど楽しい、楽しいけど苦しい」と仰っていました。もう一人の女性も同じ想いを持っていらっしゃるようで、仲良く話をされていました。

彼女たちのパッと見の印象は、慎ましく、柔らかい物腰の女性たちです。しかし、目の奥にある力強さ、異国の地で自分の意志で人生を切り開こうとしている信念が目に表れていて、とても強い印象を受けました。

私が注目したいのはそこなのです。ただ、そこにいるだけですが、彼女たちから発せられるパワーは本当に美しかったのです。

その二人にとっては、ただひたすら自分の生き方を追求した結果が、そこにあるだけなのでしょう。しかし、**自分の人生と真摯に向き合おうとする態度を持つ人、そういう人がただそこにいるだけで、その姿を見た人は「美しい」と評価するのです。**

「慎み」とは、流れに同調しつつも主張していない分、人としての品格が感じられるものです。

「私！　私！」とあまりにも自己主張が強い人は、評価を得ようとアピールする下品なイメージさえ漂わせてしまいますが、主張しない美しさには美学があり、人はそこに言葉では言い表せない魅力を感じるものです。

Q 10 /33

あなたにとって、生きるうえでの美学とは何ですか？
考えたことがなかったという人は、好きな小説やマンガのキャラクターを
一人思い浮かべてみましょう。そしてそのキャラの性格を描写してみてください。
すると、自分が気になるキーワードが見つかるはずです。

Q 11 /33

「慎み」というエッセンスを、
自分の生活の中に30％だけ取り入れるとしたら、
どんなタイミングに取り入れますか？
また、それによってどんなことが変わると思いますか？

Q 12 /33

時間を忘れて集中できることはありますか？　それは何ですか？
ないという人は、子どものころを思い出してみましょう。
何をしているときが、一番時間がたつのを速く感じましたか？

第5章

「謙虚」でいる

「謙遜」と「謙虚」は違う

この章のテーマは、「謙虚」です。

かつてココ・シャネルは、「謙虚さは『エレガント』である」と述べました。

前章で学んだ「慎み」に「謙虚さ」を加えることで、エレガントな大人としての魅力、そして自分の軸を強化していきましょう。

近年人気になっている自己啓発の本やセミナーでは、「自信を持とう！」とか「セルフイメージを高めよう！」といった内容のものがたくさんあります。

でも、これらを文字通りにとらえてしまうと自己評価が高くなりすぎて、他の人との間に距離をつくってしまったり、謙虚さとは逆の「高慢」な態度になってしまう可能性もあります。

正しく自信を持つということも、それでいて謙虚でいることも、ある意味バランスが必要です。この章ではそんなバランスのとり方について考えていきたいと思います。

まず言葉の定義から考えてみましょう。

「謙虚」という言葉を辞書で調べてみると、「**控えめで、つつましやかなさま。自分の能力、地位などにおごることなく、素直な態度で接するさま**」（大辞林第三版）と書いてあります。

とてもよく似た言葉に「謙遜」というものがありますが、こちらを辞書で調べると、次のようなことが書いてあります。「**自分の能力、価値などを低く評価すること。控えめに振る舞うこと**」。

とても似ていますが、微妙に意味が違っているのがおわかりになるでしょうか。

「謙遜」というのは、控えめに「振る舞う」こととか、自分を低く「評価する」ことであり、行為についてのことです。ですが、「謙虚」とは控えめで、へりくだって、慎ましい「さま」そのものを指します。

つまり、**言葉遣いや見かけの態度だけを控えめにしても、「謙遜」にはなっても「謙虚」にはならないのです。**

本当にその人自身が自らの能力や地位におごっていないときだけ、人は、「謙虚」と言えるのです。

謙遜というのは、褒められたときに「いやいやいや……そんなことないですよ」と、そんなことあると思っていても、表面上の演技でできるものです。

それに対して、謙虚な人は「ありがとうございます。しかし、本当に皆様のおかげなのです」と、自分が褒められたシーンにもかかわらず、すぐに支えてくれた人への感謝の言葉や関係性について言及します。すると、口先だけの控えめさではなく、心から「自分だけの力ではない」と思っていることがこちらに伝わります。

言葉は丁寧でも印象が違う人

日本語というのは、相手に対する敬意に満ちた言語となっています。「お待たせいたしました」「お世話になっております」「つまらないものですが」「どうぞお気遣いなく」「失礼いたします」「おかげさまで……」など、とても丁寧で、相手を不快にさせないための配慮に満ちた言葉がたくさん使われている文化です。

しかし、こういった尊敬語、丁寧語、謙譲語などを巧みに使いこなす人が、本当に謙虚なのか？　と言われれば、疑問の残るところではあります。

たとえば、とても穏やかな語り口で、「私もできていないいんですが……」とへりくだりながら、人の悪口や愚痴や不満を延々と語る人もいます。丁寧な言葉遣いで相手のことを最初に持ちあげておきながら最後に落とす人もいます。

逆に、言葉遣いがそんなに丁寧でなくても愛にあふれ、心根がとても謙虚な方もいます。

また、まれに立ち居振る舞いも自信にあふれていて立派に見える人が、ひたすら自分を下げる言動をすることがあります。「いえいえ、私なんて……」とか「とんでもございません」など、自分を卑下する人もいます。

こういう人は、パッと見の印象だと、謙虚な人に見えるかもしれませんが、それがあまりにも続くと演技じみているような印象になったり、同情を買おうとしているのかと勘ぐってしまいたくなるような違和感を受けることがあります。実は、このように自分をあからさまに卑下する言動には、強すぎる自信が関係していたり、下心が隠されていたりすることもあります。

一方で謙虚さは、健全な自尊心に支えられた、より深い自分の本質が関係しているのです。

では、謙虚な心を得るためにはどうすればいいでしょうか？

ここでは三つの要素を取り上げたいと思います。

三つの視点で自分を育てる

一つ目は、よく言われていることですが、**感謝の気持ちを持つことです。**「ハイハイ、感謝ね」と思われるかもしれませんが、よく考えてみてほしいのです。

私たちの存在はすべて因果関係で成り立っており、**自分の力で成し得たこと、ゼロから自分でつくり上げたものは何一つなく、必ず誰かの力を借りていて、すべてが世界とつながっているのです。**

何かの結果や成功などを手に入れたとしても、自分の力だけではできなかったことだとわかっていれば、誰のおかげで今の自分があるのか？　と常にまわりの人々に感謝の意識が向きます。まわりの人がいてくださったおかげで自分はいかされていると思えます。そうやって謙虚な気持ちが自然に生まれるのです。

二つ目は、**自分を客観的な視点から見ることで間違いに気づくこと**。そして、**間違いに気づいたら、それを謝ることのできる潔さを身につけることです**。

こんな経験がありました。

私がブログを始めたばかりのころ、初期のころから励ましてくださったり、応援してくださったりしていた60代の男性がいました。大変お世話になり、とても親しくさせていただいていたのですが、親しすぎて私の大切にしているブログのコメント欄に、個人的に話すような内容で、とても上品とは言えないようなことを書き込むようになったのです。

その内容は私や読者には不快なものだったので、私は彼に「そのような内容を書き込まないでください」と敬意を込めながらも毅然とした態度でメールをしました。20歳も年上の男性に、です。

そのときにいただいたお返事で、私は彼の姿勢に多くの学びを得ました。娘のような年代の私にさえも、謙虚に自分の過ちを認め、それはそれは丁寧な謝罪の言葉と応援の言葉をくださったのです。

世の中には、明らかに不正をしていると知っていながら謝らない人、またはウソをついて相手を不快にさせたとわかっていながら謝らない人たちもいます。そのうえ、大の大人の男性が20歳以上も年下の小娘に簡単に謝罪できるものではありません。しかも社会的にはそれなりの立場の方だったのです。

このことで、私は70歳になっても80歳になっても、彼のように謝れる人間でありたい、たとえ幼稚園児のように小さな子に対しても、自分の間違いを素直に認めて謝れる人間でありたい、と強く思い、そうなろうと決意しました。


他人に対して誠実に接することができるのは、謙虚であるがゆえです。


高慢な人は、他人に不誠実です。自分のほうが上だと考え、立場が下の人には、不快な思いをさせても許されるのだと考えているからです。

でも謙虚であれば、立場や感情を考える前に自分の非を認めることができます。

他人に敬意を払うことができます。

他人を見下したり、他人よりも自分のほうが立場が上であるなどと考えずに、誠実に相手に接することができるのです。

傲慢になると自分が見えなくなる

三つ目は、**自分の傲慢さに気づくことです**。

自分の中にある傲慢さに気づいている人は、それを人とのかかわりの中でコントロールできますし、また他の人の過ちや傲慢さに気づいたときでも寛大になれるもの。その許しがさらなる謙虚さにつながります。

逆に、自分は常に正しい、間違っていない、傲慢さなんてない、という気持ちでいると、人の言動を無意識にジャッジするようになり、謙虚さとは真逆な方向に進んでしまいます。

たとえば、自分が長年やっていることに関してキャリアを積んでくると、ある程度の自信が持てるようになります。それ自体は悪いことではありませんし、仕事をするうえでプロ意識をもって自信を付けていくのは必要なことです。それは、クライアントや部下、上司に対しても説得力を持つからです。

しかし、自信が過剰に高じてくると、心理学用語で言うスコトーマ（盲点）ができることがあります。

自分が何者かにでもなったような気持ちになって、物事を客観的に見ることができず、自分の落ち度や過ちを見落とすことが増えていくのです。

本来、何かを成し遂げる際には、自分だけの力ではできません。

しかし、謙虚さを失い自信過剰になって傲慢になると、誰かが助けてくれていること、誰かがアイデアをくれていること、支えてくれていることなどが見えなくなっていくのです。

私たちは、誰もがいつでもそのような状態に陥る危険性がある、ということを意識しておかなくてはいけません。自分を第三者目線で分析しておく部分を残しておかなくてはいけないのです。

そうしておけば、自分の力だけでやろうとせず、多くの人の意見を訊いたり、新人に対してもアイデアを求めたり、自分の至らない点を指摘してもらうような行動をとります。

経営の神様と言われている松下幸之助が、「君らどう思う？」と来る日も来る日も部下たちに意見を訊いたという行動は、謙虚さがなければできないものなのです。

人生で起こるすべてに学びがある

最後に、「我以外皆我師也《われいがいみなわがしなり》」という言葉についてご説明しましょう。

意味は字の如く、自分以外のすべては、人でも事象でも物でも何でも、自分に何かを教えてくれる先生のような存在である、という意味です。

人は、「人生すべてに学びがある」と思ったときに、謙虚になれるものです。

たとえ、自分にとってありがたいとは思えない経験であっても、いえ、むしろそういう経験こそ、多くの学びを教えてくれる師となるのです。

すべての物事は自分の先生のような存在であると思った瞬間から、あなたの心の畑の土は柔らかくなり、学びという恵みの雨が土に染み込み、そこから芽が出て育ち始めます。

そして謙虚さが肥料の役目をすると、どんどん根っこが下へ横へと伸びて張りめぐらされます。

しっかりと根を張った木は、暑さや寒さ、吹雪や日照りすらものともしない大木になり、やがてたくさんの実をつけることでしょう。

それがあなたの人生における実りとなるのです。

Q 13 /33

あなたの中の、自信と謙虚さの理想のバランスを教えてください。
（何対何でもいいですし、パーセントで表してもOKです）

Q 14 /33

あなたのまわりの人々で、謙虚な人だな、と感じる人はいますか?
どのような場面でそう感じましたか?

Q 15 /33

自分の中にある傲慢さはどんなときに出てきますか?
具体的な出来事をひとつあげて
そのときの感情を分析してみましょう。

第6章

「教養」を身につけ「洞察力」を磨く

見た目ではない「魅力」の磨き方

この章は、「教養」と「洞察力」という自分を高めるためのテーマです。

この二つは、違うもののようで関連性があります。

まず、一つ目の「教養」から考えてみましょう。

あなたは、教養というと何を思い浮かべますか？

お勉強をして知識を取り入れること、何かのお稽古事をすること、資格を取ること、または新聞をしっかり読んで、世の中の情勢に通じておくこと……いろいろ考えられると思います。

どれも間違いではありませんし、そうした知識はあるに越したことはないでしょう。

しかし、教養はもう少し奥の深いものです。

辞書によると教養とは、「**社会人として必要な広い文化的な知識。また、それによ**

って養われた品位」（大辞林第三版）とあります。

養うとは単なる知識が知恵として自分の身につくまで理解して人格に落とし込むこと、つまり自分の内側に取り入れて養ったものが教養であり、それが生涯を通して自分を高めてくれるのです。

ですから、**教養とは誰かに教えてもらうものではなく、「得た知識を自分でブレンドしてつくり出すもの」です。**

知識だけの机上の空論では頭でっかちになってしまいますし、主観のみで突き進んでは成長できません。

自分を高める知識を取り入れようと努力し、また取り入れた知識を理解して行動に移したり、考え続けたり、さまざまな経験を通して再度見直したりすることで、はじめて「教養」になるのです。

知識を教養にするのは、自分の姿勢

本物の知識を得るためには、読書や人の話を聞くだけでなく、自分が経験したすべてから学びを得て、日々精進していくことが必要となります。

すべての経験ですから、楽しいことや成功したことはもちろん、逆に苦しいことからも、失敗したことからも学び、さまざまな価値観に触れることによって、自分の中に知恵を蓄えていくこと。それが結果的に、人としての厚みになり、成長を促してくれるのです。

無知が許されるのは、若いときだけです。

20代のときは、知識や教養、品性が伴わなくても可愛いものです。何の飾り気がなくても「若い」というだけでエネルギーに満ちあふれているからです。

しかし、30歳、40歳を過ぎるとそうはいきません。人生経験を重ねたぶん、**衰えていく外見を補うような知識や会話力、相手を慮った気遣いなど、教養で底上げされた目に見えない部分の魅力が必要です。**それでこそ他者といい関係を築くことができ、幸せな人生へと向かっていけるのです。

そのためには、生涯を通して学習し続けようと意欲を持ち、人格を磨こうという努力も必要になってくるでしょう。

とはいえ、苦しいこと、退屈なことを一生続けられる人はいません。ですから、楽しく教養を深められるような方法を探しましょう。

学びを探しながら生きる

たとえば読書をするとしたら、「この本によって自分は何を学べるだろうか」といった問いを頭に浮かべながら読むと、自然とより深く理解しようという気持ちにつながり、その学びが蓄積していきます。それが別の知識や経験と結びついて、教養として深まっていくことになります。

そう考えると、学びは人生のいたるところにあります。

たとえばお花が好きだとします。すると、そのお花の美しさから美意識や美的センスを学んだり、または自分の在り方さえ学ぶことができます。でしゃばらない謙虚さを学ぶこともあるかもしれませんし、派手に咲き誇る美しさが空間にもたらす影響力を学ぶこともあるでしょう。

花言葉を学べば、人生のつらいときに元気づけられたり、慰められたりもしますし、誰かを慰めることもできます。

季節のお花を飾る誰かの心遣いから、人を思いやる気持ちや季節感を大切にすることも学べるかもしれません。

お花ひとつとっても、学びとして拾えることは山ほどあるのです。

このように考えますと、今、あなたが読んでいる本も、見ているテレビも、マンガも、そして、あなたが大好きな人も、尊敬する人も、近所の子どもたちからも、すべてのものから教えを引き出すことができるはずです。

それを、いかに自分の精神修養とするか。いかに、学びを拾って自分の中にある宝箱に保存していくのか。いかに想像力を働かせ、思考していくのか。その積み重ねが教養となり、人間としての厚みになっていき、人格を形成していくのです。

人生経験を重ねれば重ねるほど経験が増えるわけですから、そこから学びを得ようという気持ちさえあれば、年を追うごとに教養は深められるはずです。

こうして学びが積み重なって教養がついてきますと、あなたの宝箱の中には、知識という名の勉強からの学び、経験から学んだ教訓という名の学び、また他の人の言動から得た学びや、自然からの学びなど、たくさんの学びが蓄えられていきます。

その結果、あなたの中にはまた別のものが養われていることになります。
それが今回のもう一つのテーマ、「洞察力」です。

見えないものが見えるようになる洞察力の鍛え方

洞察力とは、簡単にいえば物事の背後や表面からは見えない「内側」にあるものを見抜く力です。

観察力と違って表面的なものには惑わされません。隠れている部分を見抜く力であり、先を見通す力でもありますので、問題解決能力が身につくようになります。

すると、人間関係も円滑になります。どうして洞察力が人間関係にまで影響するかというと、**相手の背後にある状況を推しはかることで、愛のある対応ができるようになるからです。**

たとえば、同僚の女性がいつもと違って、朝からイライラ、ピリピリしていたとします。自分に見えている情報は、相手のイライラとピリピリだけです。

しかし洞察力のある人は、表面上は見えない部分にまで想像力を働かせて隠された情報をキャッチしようとするので、見た目のイライラに惑わされずに寛大な対応ができるのです。

この場合でいえば、「いつもの彼女と違うけど、もしかしたら、体調が悪くてイライラしているのかな？」とか「何かつらいことでもあったかな？」とか、相手の状況を慮った対応ができるようになります。相手の立場になって、優しい見方ができるようになるのです。

これが身につけば、イライラした人を見た瞬間に「なんか感じ悪い！」と刺激されて自分もイライラしてしまったり、「偉そうな態度をとる人だな」というような判断をくだしたりしないので、人間関係のトラブルが起こりにくくなります。

ですから、洞察力のある人はいつも心穏やかでいることができますし、相手の状態に影響されずにニュートラルな対応ができるようになります。

これができるのは、**経験によって積み重ねた教養があるからです**。

さまざまな物事や経験から学びを蓄積してきているからこそ、あらゆる事態に対応できるようになり、目に見えるもの以外の物事も見えるようになっているのです。

想像力をはたらかせて、隠れた情報をキャッチする

さて、洞察力は教養を積み重ねることで身につくとご説明しました。ですから、これからは何かを経験したときには、**常に「ここに教訓があるとしたらなんだろうか?」と自問すること、そしてその答えをその都度メモすること**をおすすめいたします。

そうすることで、つらくて思い出したくないような経験をしても、「学びを得た」という経験に変換されますので、ポジティブな出来事として記憶に定着します。自分の人生は常に成長に向かっていると感じられるほど、勇気づけられることはありません。

そして、もう一つ大切なのが、**常に事実以外のことにも想像力をはたらかせ、多面的に物事を見る練習をすること**です。

たとえばプレゼントをもらったときに、もらったプレゼントだけに注目するのではなく、このプレゼントを買うのに、「この人は自分の知らないところでどれだけのエ

ネルギーを使ってくれたんだろう」と想像することが大切なのです。

ネットでリサーチしたのかな？

たくさんの商品の中から悩んで悩んで選んでくれたのかな？

店員さんに相談したのかな？

など、その人の気持ちになって想像してみるのです。

そうすることで、相手がどれだけ自分を思ってくれたかがわかり、心から感謝できるでしょう。


もちろん、洞察力を働かせるのは好きな人だけでなく、嫌いな人にも同様です。

苦手な上司を見たときに、「うわ〜、嫌だ〜」と思ってしまうのは自分だけの視点。

でも、たとえば、上司のお子さんになった気持ちで、「パパ」であるところの上司を見るとどうでしょう？

怒りっぽいと思っていた上司が、ミスを未然に防ぐために叱ってくれていたことに気づくかもしれません。あなたの成長を思って細かいところまで見てくれていた優しさにも気づけるでしょう。

こんなふうに想像力を働かせて違った角度から見てみれば、苦手な上司でも違ったふうに見えるものです。

そんなふうに自分の視点が増えていくことを想像して、洞察力を磨くことを意識してみてください。

Q 16 /33

身近で教養がある人だと感じる人はいますか?
どんな点からそう感じるか、具体的に描写してみましょう。

Q 17 /33

寝る前に今日一日の中での学びは何だったか振り返って、
その学びを書き留めてみてください。
どんなに小さなことでもOKです。

Q 18 /33

この一週間でイライラしたり、モヤモヤしたりする出来事はありましたか?
想像力を働かせて客観的立場に立ち、その出来事を考え直してみましょう。
どのように考えられると思いましたか?

第7章

人との違いを受け入れる

自分を保ちながら他者を受け入れる

本章のテーマは「人との違いを受け入れる」ことです。

人の悩みの9割は人間関係に起因していると言われるくらい、人間関係は複雑で難しいものですが、それを解決するヒントになるのがこの考え方です。

人間関係をこんなにも難しく感じる理由の一つは、「自分と他の人との違いを受け入れられないから」です。

もし他の人の価値観をそのまま受け入れることができれば、人間の争いごとのほとんどは起きないでしょう。もしかしたら一生、人間関係について深刻に悩まないですむかもしれません。

つまり、それだけ難しいのです。

この場合の人間関係は、会社など組織の話ではなく、プライベートな人間関係に当てはめて考えてください。会社では「売り上げを出す」という共通の目標がありますから、人のペースや価値観に合わせているだけでは達成できないことが出てきてしまいます。そうではなく、自分の采配で決められるプライベートでの関係に限って考えていただければと思います。

では、これまであなたが遭遇した人間関係のトラブルを思い出してみてください。人間関係のトラブルでは、誰かを怒らせてしまったことも、自分が怒ってしまったこともあると思いますが、よくよく原因を考えてみれば結局のところ、**「互いに相手の考えを受け入れられなかった」**からではないでしょうか。

相手と意見が違ったとき、納得できずに自分の意見で相手を説得しようとはしませんでしたか？　つい忘れてしまいがちですが、人はそれぞれ価値観が違うのです。

「自分の器」ってどのくらい？

この「違い」を受け入れる際に目標とすべきは「器の大きい人」です。

「人間としての器が大きい」というとき、具体的に意味するのは心が広くて受け入れられる量が多いという意味ですよね。

それは**自分と違った価値観や哲学であっても受け入れられるということ**。だから、そういった人は争いを起こしにくいのです。

ここで注意しなければいけないのは、他の人の価値観を受け入れるというのは、その考えに「染まる」という意味ではないということです。他の人の考えをうのみにして迎合するということではなく、自分の価値観や軸、土台は変えず、他の人の価値観をただそのまま認めることができるということです。

もちろん、中には悪意のある言葉を向けられるときもありますから、すべてを受け入れようというわけではありません。

相手が故意にぶつかってきたとき――不当に攻撃されたり批判されたりしたとき――には、スルーしたり、自分の意見を毅然とした態度で伝えることも必要です。

でも、単に自分と違った意見に出合ったときは、自分の色に染めようと力ずくで説得するのではなく、「そのまま受け入れる」という姿勢が大切なのです。

器が大きいということは、物事の本質が見えることでもあります。「木を見て森を見ず」という言葉がありますが、視野が狭い人は目の前の小さなことばかりにとらわれ、自分の低い視点でしか物事を見ることができません。感情的になってしまいがちなので、自分だけの狭い価値観で判断を下してしまう傾向がありますが、**器の大きい人は全体を見ます。常に視点が高く、感情より理性を重視するので、冷静で客観的な判断ができるのです。**

細かいことにいちいち文句を言ったり、相手の間違いを指摘して困らせたりすることもしません。さまざまな価値観を受け入れられる人ですから、広い視野で物事を判断できる人でもあります。

たとえば、リーダー的な立場の人であれば、仲間が流れに乗れるように全体の流れを見て上手にフォローしてあげたり、その場の潤滑油のような役割を果たしてコミュニケーションを活性化することもできるでしょう。

ちょっと視点を変えて、あなたが「自分はこんなふうに変わりたい！」と意識すれば、あなたもそのような人になれます。人はイメージさえできれば、目指せるからです。あとはあなたなりの手法を引出し、実践するのみ。ただそれだけです。

器の大きい女性とはどんな人？

実在した人物で器の大きい人、と言ったときに誰か思い浮かぶ人はいるでしょうか？

歴史上の人物でもいいし、または近所に住む人でも、先生でも、親でもいいので、頭に思い浮かべてみてください。

何かを学ぶときに一番わかりやすいのは、ロールモデルを設定することです。ロールモデルとは、あなたが「真似してみたい！」と思うような人のことです。

しかし、少し調べてみるとわかると思いますが、「器が大きい」というと男性についての記述が多いものです。たとえば西郷隆盛とか、坂本龍馬などが器の大きな男性としてあげられています。ですが、本来「器」というのは女性についても当てはまる言葉です。

あるコーチングのセッションで、クライアントの女性が「器の大きい人になりたい」というテーマをかかげてきたことがありました。

そこで私が「あなたが思う器の大きな女性とはどんな人ですか？」と質問すると、彼女の答えは「亭主のくだらない贅沢な趣味を、気持ちよく許せる妻です」というものでした。

これはあくまでも一つの例ですが、器の大きい人というのは、一見くだらないように見える相手の趣味でも、「やりたいんだもの、しょうがないよね」と寛大な目で見て受け入れてあげることができる人というわけです。自分の価値観を持ち出して「そんなくだらないこと、やったって無駄でしょう？」とたしなめるようなことはしません。

もしも相手の行動の結末が幸せな結果でないことが見えていたとしても、本人が気づくまで待ってあげられる心の広さ。一歩譲って、本人の学びの機会を尊重してあげられる余裕があるのが器の大きい人なのです。

このように、**自分の価値観に固執せず、相手の好みや考えを受け入れていくことで、自分の器の中にスペースができてきます。**

心の中のスペースは容量が決まっているわけではなく果てしなく広げることができ

ますから、無限大なのです。

「事実」と「感情」を分ける

ときに人は、他の人からの非難めいた言葉や批判、意見の違いをぶつけられると、それだけで全人格が否定されたかのような感覚に陥ることがあります。

でも落ち着いて考えてみれば、それは**単に意見や価値観が違うというだけなのです。**

事実だけを見てみましょう。

私たちは生活の中で、単純な事実に勝手な意味づけをたくさんしています。

たとえば「彼氏にふられた」という一つの事実に対して、想像の中で独りよがりな意味づけをすることはないでしょうか。

自分の顔が可愛くないからだとか、料理が下手だからだとか、あのときあんなことを言ったから嫌われたに違いない、などなど。こういったことは、自分が勝手に考えたこと。事実は、「もう彼はいない」、ただそれだけなのです。

でも、器が大きい人は彼の意見を尊重できますから、つらくても冷静に受け入れ、やがてはこう考えられるようになります。

「彼とはご縁がなかったんだ。きっとまた新しい出会いがある！」

とてもシンプルです。

とはいえ、いきなりこのように考えるのは難しいと思います。

多くの人はどうしても、何度もメールを送る、泣いて怒る、友人たちに彼の悪口を言いまくる……などの「感情に由来する行動」をしてしまいがちです。

ですから、これからは**強い感情がわき上がったら頭の中で大きく分厚いクッションを想像してみてください**。そして、そのクッションを、「感情」と「行動」の間に置くようにイメージするのです。

なにか自分にとってつらい情報を聞いたり体験したときというのは、最初に強い感情がわき上がります。

「腹が立つ！」「ムカつく！」などの怒りやイライラがわいたり、もしくは「悲しい」「つらい」というような感情がわき上がります。

人は、これが強い感情であればあるほど、理性が働かずそのまま行動に移してしまう傾向があります。怒りの場合は相手に発散してしまったり、物にあたってしまったり、感情にまかせてひどいことを相手に言ってしまうかもしれません。悲しみの場合はその矛先が自分に向かう可能性もあります。

しかし、「感情」と「行動」の間にクッションがあると、ひと呼吸おけるようになります。**感情がクッションに阻まれたところをイメージしてゆっくり深呼吸すれば、思考が働き、冷静な判断ができるようになるのです。**

頭の中にあることを紙に書き出す

それでも、難しい。そのようにひと呼吸おいて観察する前に、感情的になってカッカしてしまうという場合は、とにかく紙に書き出してみましょう。

客観的になるためには、何か行動を起こす前に一度頭を整理しなくてはなりません。書きなぐってもいいので、とにかく一度頭の中にあることを外に出して、それを客観的に見られる状況をつくりましょう。

なぜ書くことを勧めるかというと、**書き出すという行為には、感情が入りにくいからです。**人は、書いているうちに理性的になっていくもの。だからこそ、書くことは客観的に物事をみるトレーニングに最適なのです。

これまで直感を優先して生きてきた方は、書き出しのワークは面倒だと思うかもしれません。

しかし、直感で物事を考えるのが得意な方は、右脳を使うことは得意なのですが、理性をつかさどる左脳を操るのが苦手になっている可能性があります。

そのため、直感タイプの人が書き出しのワークをすることで左脳の部分を使うと、脳のバランスが取れるようになり、より一層、自分をコントロールできるようになるのです。

感情的になってしまうのは悪いことではありませんが、ことに負の感情の場合は厄介なものです。

大切な誰かを傷つけてしまう前に感情を抑え、相手の気持ちも理解できるようになると、案外問題はシンプルで、自分と相手の価値観の違いだけだったと気づくこともできます。

そうすれば、相手の価値観を認めてあげることができるようになるでしょう。器というのは、そうして広げていくことができるのです。

Q 19 /33

まずはイメージの質問です。
現在のあなたの心の中の器を実際の器にたとえるとしたら、
どんな形で、どのくらいの大きさですか?

Q 20 / 33

これから目指す器は、どんな形でどんな大きさだと思いますか?
絵に描くか、具体的に描写してみましょう。

Q 21 / 33

あなたにとって器が大きいと思う人を三人あげ、どこを見てそう思ったのか、
一人につき一つずつ具体的に書いてください。

第8章

身近な愛に気づく

愛する能力は高められる

本章のテーマは「愛」です。

毎日の暮らしの中ではとくに意識していないかもしれませんが、幸福な人生には必須のものです。

愛を見失うと、人は自暴自棄になったり、他者を自分のために平気で利用するようになったりします。その結果、孤独に陥り、後悔する人がたくさんいます。

幸せな人生のために一度、愛についてしっかり考えてみましょう。


愛とは、概念です。

宗教や哲学では定義しているものもありますが、心理学の世界では明確に定義されておらず、すべてに共通する正しい定義というのは今のところありません。

愛はとても多くの概念を含んでいる複雑なものですから、理解することは一生の課題にもなり得ます。この章では、ゆっくりと順を追って考えながら、私たちが目指すべき愛について、明確にしていきたいと思います。

「愛」という言葉を見ると、最初に男女間の愛を思い浮かべる方が多いでしょう。そこで、最初は「恋」と「愛」の違いについて考えてみたいと思います。

「恋」とは、辞書によると、「**男女の間で、好きで会いたい、いつまでもそばにいたいと思う、満たされない気持ちを持つこと**」（三省堂国語辞典　旧版第六版）とあります。

世間一般では「恋」と「愛」の違いについては次のように言われています。

＊恋は下心、愛は真心
＊求めるのが恋、与えるのが愛
＊恋は盲目

「恋は下心、愛は真心」は、恋には見返りを求める気持ちがあることを表現しており、二つ目の「求めるのが恋」という言葉にも同じ意味が表れています。

最後の「恋は盲目」は、相手の一部分（自分が好きなところ）だけにフォーカスして、他の部分が見えなくなってしまうこと。自分の狭いフィルター（主観）を通して相手を見てしまい、「きっと相手はこういう人に違いない」「こういう人だといいなぁ」と理想の姿を押し付けてしまって、冷静になれずにいる状態です。

どれも恋は、どこか自分中心にものを見ている感じがします。

周囲との関係性の中で育む愛

一方、「恋」と違って「愛」は、いくつかの種類に分けて説明されることが多いようです。家族愛、異性愛、自己愛、友情愛、無条件の愛など、キリスト教を背景とする学者はこのように分けて説明することもあるくらい、種類がたくさんあります。

そして、男女だけの関係にとどまらず、さまざまな関係に対して愛という言葉が使われます。ちなみに、仏教では「慈悲」という言葉で愛に似た概念を説明しています。

社会心理学者で精神分析学者であったエーリッヒ・フロムは、愛についてこう述べています。

愛とは、特定の人間に対する関係ではない。愛の一つの「対象」にたいしてではなく、世界全体にたいして人がどう関わるかを決定する態度、性格の方向性のことである。

『愛するということ（新訳版）』エーリッヒ・フロム著（紀伊國屋書店）

つまり、世界全体に対しての関わり方こそが、愛なのです。

心から関心をもつ対象が一つではなく多数になったとき、主観的な考えのままではいられません。

相手と第三者との関係性、相手と自分が属するコミュニティとの関係性など、自分だけの価値観ではなく、まわりの人間関係に与える影響を考慮してかかわり方を決めるには、客観性が必要なのです。

愛は感情のものですが、まわりへの配慮を忘れず理性的に考えるためには、人間として成熟していることが必要です。

また、フロムは愛についての説明で世界と人が「どう関わるかを決定する態度」と述べ、同書で次のようにも説明しています。

愛とは、愛する者の生命と成長を積極的に気にかけることである。この積極的な配慮のないところに愛はない。

つまり、**相手の成長を常に気にかけて配慮していくことこそが愛である、というわけです。**

さらに、フロムは愛の要素として、「配慮、責任、尊敬、知」の四つを挙げています。これは、親子の関係や夫婦の関係に置き換えて考えてみればわかりやすいかもしれません。

相手を自分の物のようにコントロールしようとするのではなく、相手の心と身体の健康を気遣い、いつでも求めに応じる決意があること。相手の成長と発展を心から願い尊重すること。相手の立場に立って考えること。これらは関係性のベースに愛があってはじめて成立することなのです。

ここまでの部分をまとめてみますと、愛というのは私たち個人の精神の成熟度合いによって、その表現がかなり違ってくることがわかります。

ということは、**生涯をかけて自分を成長させていくことで、愛を深めることもできるのです。**

「円熟」という言葉がありますが、この言葉は「技術的なこと」にも「人格的なこと」にも、どちらに対しても使われています。どちらも経験と努力によって伸ばすことができるからです。

また、愛を構成している要素をみれば、すべて利他的な気持ちに基づいているものばかりで、自分から差し出すものであることも、お気づきになるでしょう。

そう、**愛とは、自分から与えることなのです。**

「愛される」というのは、多くの人が何の疑問も持たずに使っている言葉だと思います。「愛され女子」「愛されキャラ」などのように、雑誌のキャッチコピーにもよく使われていますし、耳に心地いい言葉かもしれません。有名人のように注目を浴び、多くの人から「愛されること」こそが成功だとほのめかすメディアもあります。

ですが、本質を考えてみるとそれは逆で、愛とは自分から与えるほうが先です。

愛には、何の保障もありません。

何の見返りもありません。

それでも、与え続けることを自ら進んで決意し、相手を信じ、約束さえする。これができるのは、高い人格の表れであって、自分とまわりの人の幸福にどれほど寄与するかは言うまでもないでしょう。

愛は客観性と与える精神によって実現できるのです。

他者と自分の境をなくしていく

また、エーリッヒ・フロムは「愛は技術である」と述べていました。つまりトレーニングでその資質は伸ばせるものであるということです。

マザー・テレサは、「愛は家庭からはじまります」という言葉を残しています。ということは、自分のごく身近なところから始められるのがわかります。夫や子ども、両親、兄弟、友人、会社の同僚たち、地域の人々……そうした積み重ねの先に全人類があるのですが、まずは誰かと比べることなく自分ができる小さなことからスタートしてみてください。

小さなことから始めても、自分の中に愛という資質が根付きます。すると、その根は深く広く伸びて人間性を高めてくれるのです。

あまり高いところを一気に目指そうとすると、できなかった自分に直面したときに、がっかりしてしまいます。最後に目指すのは高尚な愛ではあるものの、最初は自分のステージにあった「できること」からでOKです。

今日から始めるとしたら、どんなことができるでしょうか？

目に見えない誰かのためではなく、**自分にとって一番身近で大切な人々に愛をもって接してみましょう。**

たとえば家族に小さなことから感謝を伝えること。ときには記念日でもお祝いでもない普通の日に感謝のプレゼントをすること。日常生活でかかわる人のやっていることに気づいてあげ、承認してあげること、褒めること。こんな小さなことからでいいのです。

自分の存在は誰かに支えられていると気づく

日本には、昔から「お互いさま」「おかげさま」という素晴らしい言葉があります。これは、「見えないところでみんなつながっていて今がある」という考えに基づいています。

ご存じの通り日本人は古来、八百万《やおよろず》の神として、森羅万象すべてに神が宿っているという神道の考えを信じてきました。これは人と人、人と自然を分けるものではなく、すべてはつながっており、調和のもとに生きているという考え方です。

先ほど、愛には客観性が伴うと述べましたが、自分の主観だけで物事を見たり判断したりするのではなく、全体を考慮に入れて判断する。これはまさに、自分と他者との境目をなくすことにつながっていきます。

愛は、美意識とも関係しています。美しい景色を見て「美しいな〜」と思うことも愛の一部です。その景色に愛着があるからこそ、そう思えるのです。

可愛い赤ちゃんや子犬を見て「なんて愛らしいのだろう」という感覚。またはアスファルトを突き破って太陽に向かって伸びていく雑草の強さに感動し、その姿を美しいと感じて愛着がわく気持ち。

そのように小さなことに目を向けて森羅万象に愛のまなざしを向けるときに、すべてが愛の対象になっていくのでしょう。

そのスタートとしては、まわりの身近な人に愛を示して、そこから少しずつ広げていくトレーニングをしましょう。

Q 22 /33

子どもに「愛って何?」と訊かれた場合、あなたはどのように説明しますか?

Q 23 /33

あなたがこの人に愛をしめせるようになれたらいいな、
と思う対象者は誰ですか?
何人でも、思いつく限り書いてみてください。

Q 24 /33

その人に愛をカタチで、または行動で表すとしたら具体的に何ができますか?
どんな小さなことでもかまいません。
日常でできる行動を5個あげてみてください。

第9章

品格ある
お金の遣い方
をする

何にお金を遣うのかで、その人が見える

この章のテーマは、「品格あるお金の遣い方」です。

お金は、生きていくうえでは一生ついてまわるものです。お金のことを考えるのはいやしいこと、などと思わず、一度真剣に考えてみましょう。本当に豊かな人たちが実践している「お金の遣い方」を知っておくことは役に立つはずです。

ではまず、豊かな人と普通の人の何が違うかを考えてみましょう。

それは、「**お金に対する見方**」です。

両者のお金に対する考えは真逆とも言えます。

豊かな人は、お金のことを「あるものだ」と思っていて、普通の人は「ないもの」または「なくなるもの」と思っています。ここが両者の決定的な違いです。

というのも、**違いはお金に執着があるかどうかだからです。**

「ある」と思った瞬間、その人はお金に対して執着がなくなります。お金はエネルギーですから、そのエネルギーが自分に十分「ある」と思えば自信もわき、恐れもなくなります。そしてその波動が身体全体からみなぎるようになります。

そして、「ある」ものですから、お金の使い方が大胆です。価値があると判断したものに関しては、出し惜しみしません。これが「豊かな人のマインド」です。

一方、普通の人はお金のことを「ない」または「なくなる」と思っているので、遣う際には非常に注意を払いますが、いつも欠乏感に支配されています。

常にどこかでお金や収入について不安を感じ、自尊心の欠如をプライドで埋め合わせようとしたりします。そして多くの場合、自分では気づいていないお金に対するメンタルブロックを持っていることもあります。

身近なところで、ブランド物を例にして考えてみましょう。

ブランド物はそのブランド物が放つ波動にあった人が持つと、お互い共鳴し合い、さらに大きな波動となって、とても似合うようになります。ブランド物はそのブランド名にふさわしい技術と職人の魂が込められた作品ですから、それに見合ったエネルギーの持ち主でないと映えないのです。

しかし、見栄や競争心でそれらのブランド物を持つ場合、その人にはしっくりと合いません。ローンをしてまでそれらを身につけたところで、偽物であるかのように素敵に見えなかったり、「お母さんのを借りてきたの？」というように浮いて見えたり、はたまた目に見えるところにばかりお金をかける「物質主義の人」に見えてしまいます。**いくら物だけ素敵でも、本人の波動と合っていないと不協和音のようになって似合わないのです**。

これは、ブランド物を持つことが悪いと言っているわけではなく、ブランド物を持つには相応しいエネルギーがいる、ということです。

ブランド物がニセモノに見える人、ニセモノが本物に見える人

とはいえ、豊かな人のマインドを持っている人でも、ブランド物を持つタイプの人も持たないタイプの人もいます。でも、両者にはある共通点があります。

それは、**ブランドに固執していないということです。**

そのものに価値を認めているから買うのであって、ブランド物ならなんでもいいというわけではないのです。

富裕層と言われている人たちの中には、ブランド物にまったく興味のない人もいます。中にはフェイクを持っている人すらいます（ブランド物に興味がないのでそういう人もいるのです）。

しかし、その出で立ちを見ると、まるで本物のように見えます。豊かな人のマインドは外見にまで影響するため、堂々としていて本物に見えてくるものなのです。


さらに豊かな人は、高級ホテルのスイートルームに泊まっても、または飛行機のファーストクラスに乗っても、いちいち「ファーストクラスに乗って海外旅行です！」とは言いません。なぜ言わないのかといえば、その人にとって当たり前のことだからです。

しかし、貧しいマインドに縛られていると、やっと手に入れたブランド品はＳＮＳで自慢したくなってしまいますし、高級ホテルに泊まれば写真を載せて人に見せようとします。他のことは節約しても、見える部分にはお金をかけ、最大限に自慢したいと考えるのです。

物質的なことや目に見えるうわべの部分は、やがて壊れたり失ったりするもの。なくしたり、盗まれたり、災害で全部なくなって裸同然になったら、何が残るでしょう?

そういったときに残るのは、その人の本質だけなのに、それが理解できていないから物質で自分を飾れると思うのです。

豊かな人のマインドを育てる二つのお金の遣い方

では、どうしたら、豊かな人のマインドになれるでしょうか?

それは、豊かな人が実践していること、つまり豊かな人のお金の遣い方を真似してみることが近道です。

豊かな人がお金を遣う際に心がけていることの一つは、「常に心を養うこと」です。心を養うお金の遣い方とは、「経験」「体験」「学習」などの自己投資にお金をかけることです。

豊かな人の価値観というのは、お金が最終目的ではありません。**お金は手段であり、お金を遣って得ることができる「経験」「体験」「学習」に価値を置いています。**

なぜなら、そうすることで自分の内面を広げることができ、そこに生まれたスペースに新しいものが入ってきて、さらに自分の心が豊かになっていくことを知っているからです。

なぜ、体験や学習にお金をかけると内面が豊かになり、余裕が生まれるのでしょうか？　**それは経験値が上がるからです。**

何か問題が起きたときに余裕をもって対処できる人というのは、経験値が高いからできるのです。実際に経験して得た学びは、勉強して得た知識を知恵に変えてくれるのです。

豊かな人のマインドでお金を遣ってみる

それでは、どのようにしたら豊かな人のお金の遣い方を真似できるでしょうか？

よく、お金持ちになりたければお金持ちのように振る舞え、と言われます。

これを聞くと、じゃあ飛行機はファーストクラスで、新幹線はグリーン車、移動はすべてタクシー、外食は高級ホテルで……と思う人がいるかもしれませんが、それは本質ではありませんし、何でも真似すればいいというわけではありません。

最初からあまり高いステージを目指すとお金がどんどんなくなり、逆にお金に関して不安が大きくなって、息切れしてしまいます。

これは、自分のコンフォートゾーン外のことを無理矢理やろうとする状態です。コンフォートゾーンとは、不安がなく、落ち着いた精神状態でいられる心地いい空間、または状態のことです。

でも、金銭的に苦しい状態は不快だったり不安を覚えるもの。コンフォートゾーンの外に出てしまっている状態を自らつくってしまうのです。

ですから、**無理のない範囲でふだんのお金の遣い方から20〜30%ほどアップさせるくらいのイメージで試してみてください。**

ふだん家で使う日用品、カフェや食事で利用する場所、移動手段、セミナーや読書といった勉強のための予算の中から少しずつアップするように心がけ、徐々に慣らしていけばいいのです。

もちろん、すべての分野で20～30％アップするのは大変だと思うので、まずは自分が一番心地いいと思えるジャンル、一番豊かな気持ちになれると感じるジャンルから始めてみるのがおすすめです。

そして、そこから得られる時間の余裕、気持ちがより前向きになる感覚、より多くのことを学べた感覚を覚えておいてください。**この感覚が大切ですから、単なる贅沢と捉えるのではなく、自己投資と考えましょう。**

私の場合は、時々高級ホテルのラウンジでおひとり様ランチやティータイムを楽しむようにしたり、タクシー利用時におつりを運転手さんにチップとして差し上げるようにしています。コンビニなどでのちょっとした寄付も然りです。

もしも、そんなことをするようなお金はないと思うならば、今までの自分のお金の遣い方を見直して、無駄なものをやめて、そのための予算をつくるのも手です。

この、お金の遣い方をアップする際にとくに効果的なのは、物質ではなく「体験」にお金を払うようにすることです。

みんなが知っているような高級ブランド物を毎日持つよりも、ふだん一杯２００円のカフェで飲むコーヒーをホテルのラウンジで飲むために1000〜1500円を支払うほうが効きます。高級感を肌で感じられるからです。

1杯1000円以上もするコーヒーは、空間代、コーヒーカップなどの器、上質なインテリアに触れる教材代です。

それに、**「物から出る波動」よりも「空間から出る高級感や波動」を身体全体で感じるほうが、マインドセット（考え方や価値観の形成）には効果があるのです。**

物質にはすべて特有の周波数があります。波動とも言われますが、その波動が出ている空間に身を置いて、全身でそれを感じてみてください。

私でいえば、一番はもちろん「体験」という自己投資にお金を遣っていますが、その次は、自分が一番心地いいと思えるところ——寝具にお金をかけています。睡眠の質を上げることは、活力にダイレクトにつながりますので、よりビジネスに力を注げるからです。

また、日常的に多く使うもの、お茶碗やふだん使いのコップなどもできるだけ上質なものを使い、毎日気分よくいられるように心がけています。**自分が喜べるものにお金を遣うということは、結局は自己投資になると私は思っています。**心地よいと感じると、よく学ぼうという意欲も上がるからです。
こうした行動は、あくまでも自分への投資であり、自分のステージを高めるための一貫性のある行動である、ということを覚えておいてください。

人に与えることをケチるとお金が入ってこなくなる

そしてもう一つ豊かな人がお金を遣う際に心がけているのが、「人のためにお金を遣う」ということです。

人のためにお金を遣うことの究極の形は寄付です。見返りをまったく期待しない行為を快くするというのは、まわりの人だけでなく、自分にも良い影響があります。

誰かの役に立てたとき、人は本当に気分がよくなるものです。社会貢献ができたことの喜び、そして誰かに寄付ができるくらい今の自分が豊かに暮らせていることへの感謝の気持ちもわいてきます。自分以外の人のためにお金を遣えているというセルフイメージの構築もできるようになります。

そうすると、自分の内面が豊かになります。

決して自分のために寄付をするわけではありませんが、**寄付を定期的にするように**
してから、お金まわりがとてもよくなったという話はたくさん聞きます。

無理をする必要はありませんが、心から誰かを助けたいと思ってする寄付は、自分のお金に対する感覚を変えます。

お金はエネルギーのようなものですから、「出せば入る」の法則によって、不思議なことにそれにふさわしい仕事やお客様が、後からついてくるようなことも起きるのです。昔から「金は天下の回り物」といいますが、人のためにお金を遣うとこの言葉は本当だったと実感します。

また贈り物一つにしても、義理の気持ちだけでするのか、相手への感謝の気持ちを乗せて贈るのかでは、受け取る相手の反応に差がでます。これは金額の問題ではなく、気持ちの問題です。

すると、これもまた確実に自分のお金との付き合い方に影響を与えます。喜んでくれた相手の顔を見ると、お金を遣うことの喜びを自分もまた感じるのです。そして、**そういったお金を遣うことをケチると、お金は入ってこなくなるのです。**

お祝いごとや他の人への贈り物をするときにも、ため息混じりにお金に負のエネルギーを乗せるのは絶対に避けましょう。

相手を心から祝う気持ちがあれば、それは自然と贈り物に乗ります。その送り出す気持ちは、めぐりめぐって自分に戻ってきて、人生を豊かにしてくれるのです。

Q 25 / 33

お金が豊かになることで、あなたが得られるメリットは何ですか?
10個書いてみてください。

Q 26 / 33

想像してください。
十分今の生活ができるだけのお金が
毎月入ってくるとします。
もしそれ以上のお金が入ってくるとしたら、その余分なお金は何に遣いますか?

Q 27 /33

あなたにとって豊かな人のマインドになるために最初にすること、
またはできることは何ですか?

第10章

徳を積む習慣を身につける

生き方の「土台」をつくる

この章のテーマは「徳の積み方」です。

「徳」というと、大げさに聞こえてしまうかもしれませんが、生き方を考え直す際の基準となりますので、とても大切です。

まず、「徳」とは何かを考えてみましょう。

「徳」とは、辞書で引くといくつか意味があるのですが、今回はその中の二つに注目したいと思います。

辞書によれば一つ目の意味は「**修養によって得た、自らを高め、他を感化する精神的能力**」（大辞林第三版）です。

ということは、「徳」というのは努力によって身につけることができるものである、ということがわかります。

もう一つの意味は「**身に備わっている能力、天性**」（大辞林第三版）です。つまり、もともと人間が持っている特質。つまり、あなたの中に既に備わっている資質のことです。

生まれつき備わっていて、なおかつ努力で身につくもの。矛盾しているようですが、ここでは精神の在り方と行動というように解釈して考えてみたいと思います。

では、一つ目の、「自らを高め、他を感化する精神的能力」ということについて、具体的に考えてみましょう。

私が子どものころ、１９７０年代から１９８０年代まで、テレビのＣＭで「一日一善」という言葉が用いられていました。

毎日流れていたものですから、子ども時代に何度も聞いて、今でも心に残っています。今でもふと、「今日一善したかな?」と思ってしまうほどです。何度も聞くことで、ある意味暗示のような効果となり、刷り込まれてしまったのでしょう。

でも、あれから数十年の月日がたち、世の中はどうなったでしょうか。私には、一日一善の精神はなくなってきているように思います。

もちろん何もかもがすべて変わってしまったわけではありませんが、一般的な傾向として、**人々は「目に見えない大切なもの」よりも、「目に見える上辺のもの」にばかり価値を置くようになり、利己的な生き方をしている人たちが目立っているように見受けられます。**

競争社会にいるのだから勝たなければ意味がない、とか、勝つためなら何をしてもいい、とか、人より上に行くことが成功だ、そんなことばかり考える時代になってしまったように感じます。

物質的な豊かさは幸せな人生とは関係ない

時代は今、極《きょく》を迎えています。

2020年、世界を揺るがす新型コロナウイルスの蔓延により、多くの人々が恐れと不安に苛まれました。

かつてない規模のパンデミックにより、コロナウイルスだけではなく二次災害としてデマが流れたり、買い占めが起きたり……トイレットペーパーは数か月ものあいだ市場から姿を消しました。

さらに、観光業や飲食店、イベント業などもどんどん閉鎖に追いやられ、今もなお続いています。

ストレスをためた人々は、コロナにかかった人を裁いたり、感染を恐れていやがらせをしたり、ということも起きました。SNS上では、マスク警察などという言葉も生まれ、言葉の暴力で人が人を叩くところも多く見かけました。

このように、時代と世界の流れは、ある種の極を迎えたのです。

「極」というのは、両極の極ですが、これ以上ない状態、極み、最大限に偏った状態を指します。

しかし、**世の中の仕組みというのは、一度「極」に偏ると、今後は逆にふれるという法則があります**。

つまり、人間性が失われた時代が極限に達し、そこから反転するポイント、それがコロナ禍にあったのではないかと思うのです。

なぜなら、コロナ禍のマイナスの影響をキッカケにして、一部の心ある人々はつぶれそうなお店の支援や助け合いという行動に反転していったからです。

ＳＮＳ上でも人と人とのつながり、協調性、調和、思いやり、優しさ、愛なども次第に広がっていきました。

このコロナ禍を通して、今までの生き方に何の疑問も感じなかった人でさえも、**目に見えるものや物質的に豊かであることが幸せの源泉なのではなく、自分の心がけや生き方次第で自ら幸せを手にできるという、人生の本質に気づき始めています。**

たとえば国連が発行する「世界幸福度報告」では、世界１５６ヵ国中で日本は62位でしたが、フィンランドは２０１８年から２０２０年まで３年連続で１位となっています。税金が高くて有名な国ですが、彼らはそこに一切の不満はありません。今手に入る物質的なものより、社会福利制度の充実に重きをおくからです。

お休みは、仲の良い友人や家族とピクニックに行ったり、森に行ったり、サウナを楽しむことで十分幸福なのです。

そのような毎日がいかに心を満たしてくれるのか、私たちもだんだんわかってきたと思います。誰かに勝たなくても幸福な人生はつくれるのです。

小さな善を積み重ねていく

もちろん、こういった世の中の価値観は一気に変わるものではなく、十年、二十年という長いスパンをかけてゆっくり変化していくものです。

そして人の意識というのは変化の途中は大きく二極化するものです。

我先に勝とうとする人はますます勝ちを求めて自己中心的に行動するようになり、そうでない人は、利他の精神で世の中を眺めるようになっているでしょう。

このような混乱の時代において、どう生きるべきか。

まずは、子どものころに教えられた基本に戻ることからはじめてみるのはいかがでしょうか?

たとえば子どものころ、親に言われたことを思い出してみましょう。

「近所の人に会ったら元気に挨拶すること」

「ウソをつかないこと」

「人様のものを盗まないこと」

「自分がやられて嫌なことは人にもしないこと」

「人の悪口を言わないこと」

いつから私たちはこういったことを意識しなくなったのでしょう。

たとえば、「私は盗みなんてしていない」と思ったかもしれません。でも、文字通り盗んでいるわけではなくても、会社の勤務時間にサボることや私用で外出すること、会社の備品を黙って私用に使うこと、そんなこともある意味で盗みになります。

罪にならないような小さなことだと考えるかもしれませんが、徳のあることではありません。

待ち合わせして、時間にいつもいつも遅れている人は、他の人の時間をいつも盗んでいることになります。

こういう小さなことにどれだけ気づき、行動を改めていくかが毎日をつくります。

小さなことに忠実な人は、大きなことにも忠実になれるものですから、こうした行動の積み重ねが人生をつくっていくのです。

人の見ていないところでの行動があなたの本質

ところでこの徳には「陽徳」と「陰徳」の二種類があります。

「陽徳」は、「自分がした善を他の人に知らせること」です。知らせることで、人から賞賛をされたり、感謝をされたりします。でも、報いはこれで終わりです。

しかし、本当に大切な徳は「陰徳」。「**誰にも知られないで善を行うこと**」です。誰にも知られていないのですから、当然、他の人から褒められたり感謝されるような報いはありません。

ところが、誰も知らなくても不思議なことに報いはまわりまわって自分にまた戻ってくるのです。「神様が見ている」というのは科学的ではないかもしれませんが、後から考えてみれば、本当に神がその人に報いを与えているかのようなことが起こるのです。

とはいえ、神様の報いを期待してはいけません。報いを期待しないで善をただただ行うこと。誰の目にも留まらなくても、行うことが大切なのです。

陰徳を積むために行うのは、ごくごく小さなことでかまいません。それこそ子どものころに親や先生に教えてもらったことを改めてコツコツとやり始めることです。

例をあげると当たり前のことになりますが、ふだん、どれだけ自分がやっているか考えてみてください。たとえば、

＊ゴミが落ちていたら、誰も見ていなくても拾ってゴミ箱に捨てる
＊スーパーの買い物カートが、お店の特定の場所に戻されずに放置されていたら、戻してあげる
＊おつりを定期的に100円でも200円でも寄付箱に入れる
＊もしくは、口座引き落としで毎月決まった額を、困っている子たちの生活支援のために送る
＊公共のトイレを利用したときに、次に使う人のために簡単に掃除したり、落ちているゴミを拾って捨てる

トイレがきれいだと気持ちがいいものです。しかしトイレは個室ですから、あなたが掃除したことは誰の目にも触れず、誰からも感謝も賞賛もされません。

でも、こうした、たった1分でできるような些細なことが陰徳になります。

こうしたことをすると、「やってあげている」というような優越感に浸る人がいますが、それは違います。

私たちは「やってあげている」のでも「与えている」のでもありません。**陰徳をする機会は「徳を積ませていただくチャンス」を与えてもらっている、ということなのです。**

そう考えることができれば、何かをしていて「自分は時間を費やし、労力を使っているのに一銭も入らないなんて損をしている」という感覚ではなく、「自分にできることをさせていただいている」と考えるようになります。誰が見ていようが見ていまいがまったく関係ないのです。

続けていくうちに、徳を積ませていただいているという感覚もなく、ただの習慣として陰徳が身についていくことになります。私たちが目指すところはそこです。

当たり前のことを当たり前に、意識せずともできること。これが老子が説いた「上《じょう》

徳《とく》」というものです。

「上徳」に対して「下徳《かとく》」というものがあります。下徳は、意識的に徳を積むことです。最初は意識してする下徳でいいのです。やり続けることで、いつしかそれは上徳になっていくのです。「実践」と「継続」によって磨かれていくのです。

自分の長所を伸ばすために

さて、二つ目の「本来あなたが持っている良い資質」に目を留め、それを伸ばすことについて考えてみましょう。

自分の良き特質とはなんでしょう？　次の中で、自分が身につけたいと思う特質にいくつでもチェックしてみてください。

「わたしにもこういう特質があったらいいな」と反応したものは、もともとあなたの中に要素があるからこそ心が反応したものです。つまり、自分で気づいていなくても、あなたにはその種が既にあるのです。

さて、あなたの中にあるものはなんだったでしょうか？

□勤勉さ
□優しさ
□愛情
□正直さ
□節度を守ること
□約束を守ること
□足るを知ること
□謙虚さ
□感謝の念
□笑い
□与える精神
□慎み
□他の人への配慮

なりたい自分が少し見えてきたのではないでしょうか。

あなたが選んだ特質は、物質主義の考え方から解放され、本当の幸福へと向かうための大切な行動指針です。

これからは一日のどこかでその徳を意識してみてください。

毎日の行動が習慣をつくり、習慣の積み重ねが人生をつくるのです。

Q 28 /33

小さな一日一善を毎日続けるとしたら、何を継続してみたいですか?
どんな小さなことでもいいので、3個あげてください。

(例:毎朝しっかり声を出して挨拶する、道に落ちているゴミを拾う、会社で他の人にお茶を淹れてあげる、小銭を寄付する、など)

Q 29 /33

文中のチェックリストで、あなたの心が一番反応した言葉は何ですか?
なぜそこに反応したと思いますか? その理由を書いてみましょう。

Q 30 /33

あなたが一番大切にしたいと思う、自分のいいところはどんなところですか?
そしてそれを使って陰徳を積むとしたら、何ができると思いますか?

第11章

運を味方につける

自分が今、手にしているものに気づく

最終章のテーマは「運」です。

自分の人生は幸福だったと振り返る人たちの多くは、多くの努力に加えて「運」の重要性を説いています。ここでは、運を味方につけて思い通りの人生を歩むための、ある方法をお伝えします。

運気も上がるうえに、人生を楽しくハッピーに生きていくのに必要なもの。そのためには私は次の三つが必要だと考えています。

それは、**「愛」と「笑い」と「感謝の心」です**。実はもう一つあるのですが、これは最後にお伝えいたします。

では、まずは「愛」についてから説明しましょう。

運を良くするために「笑い」と「感謝」が関係してくるというのはなんとなく理解できると思うのですが、なぜ「愛」が運を良くするために必要なのでしょうか？

「愛」は簡単に説明できる概念ではないということは8章で説明しましたが、つまりは愛着、好意。そう、「好き」という感情です。また、なにかを肯定する気持ちでもあります。

「愛」という感情は温かいもので、私たちの身体の健康や細胞そのものを左右するほどの力があります。

森羅万象に「愛」を感じるようになると、私たちは生活の中で嫌なことがあまり目に入らなくなります。そして、**目に入るものすべてを肯定する気持ちになれるので、人生において否定の感情がグンと減っていきます。**

これが運を上げる秘訣なのです。

笑顔と感謝は人をひきつける

「笑い」が幸せな人生につながるのは詳しく説明するまでもないかもしれませんが、

つまるところ「笑う門には福来る」の法則です。

笑顔でいるといいこと（あなたにとってさらに笑顔になるような喜び）が次々に起こるようになります。笑顔でいると、身体から発する波動がいい状態になりますから、類は友を呼ぶともいうように、あなたが笑顔でいられるようなよい友もできます。

私たちは、どういう人と付き合うかで、運気が変わっていきますから、いい人に囲まれるようになるとあなたもその影響を受けて運気が向上していくのです。

脳にはミラーニューロンと呼ばれている部位があり、目の前の相手に無意識に同調して同じような動きを真似てしまうという働きがありますので、あなたの笑いと相手の笑いでもっともっとそれが増幅していき、ひいては、みんなが笑顔になれるような事象を引き寄せるようになります。

笑う＝心地いいパワーがもらえますから、笑っている人には無意識に人が寄ってきます。それが仕事にもつながることがありますので、仕事運、金運にもつながっていきます。それが「笑う門には福来る」なのです。

また、既に広く知られていることではありますが、笑いはナチュラルキラー細胞を活性化しますので免疫力を上げてくれます。これはつくり笑いでも同様の効果が出ることが証明されていますから、ぜひいつも口角を上げておくように心がけていきましょう。

三つ目に感謝の気持ちについてです。

感謝の気持ちがある人は、今自分が手にしている物事のありがたさに気づくことができます。

つまり自分は常に恵まれている、「ある」と思えているのです。脳の機能的にも、いつも意識しているものは、もっともっとその情報を取り入れようとして、もっともっと「ある」ものが目に入ってきます。

すると、自分に不足している物はない、いつも満たされている、という感覚になりますから、先ほど説明した、「愛と笑いのある生活」と同じようにいい波動を発するようになります。**「ある」は「ある」を引き寄せるのです。**

感謝の気持ちのある人は「ある」を意識しますが、逆に欠乏感に満ちている人は、「ない」ことばかりに意識が向かって気分が落ち込み、不幸な気持ちになり、運気が下がっていきます。

この三つ、愛と笑いと感謝の心、これが運気を上げる基本なのです。

自分のネガティブな感情を否定しない

このように説明すると、結局、運気を上げることは「ポジティブ思考」なのかと考える人もいるかもしれません。

これは、ある意味正しいですし、ある意味間違っています。そのことをわかりやすく説明するために、こんな研究を紹介しましょう。

バーバラ・フレドリクソンというポジティブ心理学者が、マーシャル・ロサダという数学者と一緒に導き出した、「人が繁栄に向かうための感情の黄金比」です。

それは、ポジティブな感情とネガティブな感情の比率が3：1、あるいはポジティブの比率がそれ以上大きいときに、人は繁栄に向かうというものです。

この数字に納得できる人も、そうでない人もいるかと思いますが、ここで注目したいのは、ネガティブが「1」あるということです。パーセントにすれば、25％もネガティブの許容量が残されているということです。

つまり、この研究結果は、**ネガティブを0にすべきではない、私たちがつい考えてしまう嫌なこと、思い通りにいかなくて悲しく思う気持ち、うまくいっている人に嫉妬してしまう気持ちは決してなくならないが、それでも私たちは繁栄に向かっていくことができる、ということの証明でもあります。**

一番バランスが悪いのは、自分のネガティブな面を見て見ないふりをしたり、自分にはネガティブな感情などないと決めてかかったりする態度です。

そうした態度は、何も問題がないときはいいかもしれませんが、自分の力ではどうしようもないような大きな事件や試練が起きたときに、一気にひっくり返ることになります。

つまり、客観的視点のない偏ったポジティブ思考は、大きなネガティブも同時にはらんでいるということです。

ですから、自分の中にあるネガティブな感情を認めてあげることが重要です。認めるのは勇気がいりますし、受け容れるには胆力が必要になります。そのときに大きな力になるのが、「愛と笑いと感謝の心」なのです。

この三つがあれば、ネガティブな感情を必要以上に大きく考えることなくポジティブの割合を増やすことができます。3：1ではなく、4：1にも10：1にもすることができるでしょう。

自分の醜い感情を認めるのはつらいことですが、そのことを否定したり、目をそらす必要はありません。真摯に自分と向き合い、小さな幸せに目を留めてポジティブな気持ちを増やしていく、その積み重ねが人を繁栄に導いていくのです。

運気というのは、「氣」の流れですから、良いときも悪いときもあります。

良い運気のときにはより一層自分の幸運を喜び、通常のときは平和な日常を喜び、運気が下がってきたときは、その兆候に気づいて準備できることに喜ぶなど、思考の転換、認知の切り替えはいくらでもすることができます。

そして、長期的な視点で3：1、あるいはそれ以上の比率に近づいていると感じられたら、振り返ってみたときに自分は本当に繁栄に向かっている、幸福であると感じることができるでしょう。

意志を持って行動する

では最後に、もう一つの運を味方につけるポイントについてお話しいたします。

それは、「意志の力」です。

意志は、自分の決意、決断、決定、意図のことです。

それはエネルギーです。エネルギーは波動ですから、意志をどこに向けるかで運命が大きく変わっていきます。

人は、意志があるからこそ、行動したり、その行動を継続できたりします。

ただなんとなく始めようとして始めるのと、意志を持って始めるのでは、結果は雲泥の差です。ですから、何をするにしても、その対象のものに意志を持って取り組んでください。

なぜそれをしているのか？

それによってどんな結果を欲しているのか？

そこから何を得たいのか？

どんなやり方でやるべきか?

そういったことを、きちんと考えてみるのです。

意志の力は、何も仕事のときだけに必要なわけではありません。

家事も子育てもお金の遣い方も……あなたが意識を向けて自分のゴールを考え、やり遂げようという意志を持つだけで、まったく違った世界が構築されていくのです。


私たちのこの世界は、ミクロの世界ではすべて素粒子でできています。

肉体も家も車も植物も、元をたどれば全部同じ素粒子です。

そして、この素粒子は、何らかの形で相互に情報交換を行っていると言われており、それが見えない力だったり、偶然と言われるような出来事を引き起こしていると言われています。

その素粒子の情報交換にもっとも影響を与えるもの、それが私たちの「意志の力」です。

私たちが「何かを実現する」と決めたときには、素粒子レベルで情報が伝わっていきます。つまり、自分の信念につき従って生きることを決めたとき、それはもっとも運気に影響を与えるのです。

この全11章の課題を読んでいただいて、何か一つでもやってみようと思ったことがあれば、その意志に従って生活してみることを決意してください。

あなたが「やる！」と決意すれば、それに同調してまわりの環境も変化していきます。人間関係も変わっていきます。

新しいことを始めるのは、小さな行動からでかまいません。

大事なのは意志をもち、継続することです。

継続することで習慣化します。

その小さな習慣を少しずつ増やしていくならば、一年後には別人になって、人生が大きく変わっていることでしょう。

Q 31 / 33

あなたにとって“運がよい”とはどんな状態のことですか?
その状態をキープするには何が必要でしょうか?

Q 32 /33

あなたにとってネガティブな状態や心地よくない感情は、
どんな状況のときに起きることが多いですか?
そんなときに、どうすれば、そのネガティブをポジティブに
とらえ直すことができると思いますか?
3個以上方法論を書いてみましょう。

Q 33 / 33

あなたの身のまわりの人で運のいい人の特徴を10個あげてください。
どれなら自分もとりいれられそうですか?

おわりに

今は、時代の転換点にあり、真に大切なものの価値観が少しずつ変わり始めています。これまでは物質的なものや社会的に評価される地位がもてはやされ、互いにどちらが上かを張り合う競争社会でしたが、だんだんと目に見えない愛や信頼関係、人とのつながりといったものに価値を見出す社会にシフトしつつあります。

これからは、自分が自分らしくいられる生き方を選び、好きなこと、したいことをして、大切な人に愛を注ぎながら人生を送る時代です。

お金をたくさん稼ぐよりも、大切な人といる時間を大切にしましょう。

一つでも徳を積むような行動をして、まわりの人に幸せを届けましょう。

うれしいことがあったら、助けてくれた誰かのことを思い、感謝をして笑顔でいましょう。

これらは、すべて昔からある日本の美意識です。

今から10年前、東日本大震災があり、そこで人々の価値観は大きく変わりました。お金や社会的評価より今隣で笑っている人や、離れているけれどずっと愛してくれている両親がどれだけ大切か。そんな存在の大きさを学んだ人はたくさんいました。

そして2020年のコロナで、私たちはもう一度教えられました。

医療従事者や食品関係、物流関係のお仕事に就いている人たちなど、私たちの毎日の生活がいかにたくさんの人に支えられているか。また健康的な食事や正しい習慣を守って生活の基礎を維持することが、いかに難しいことか。かつてない時代の転換点で、私たちは本当に大切なことを学んだのです。

そう考えると、生きていくということは、一生学び続けるということと同義なのかもしれません。

本書は、37冊目の本となります。大和書房の白井麻紀子さんとは4冊目の本です。

こうしてご縁が続いていることをうれしく思います。

本来なら、いつも大和書房で本を出すときにお世話になっていた営業部の近藤浩一さんにもお会いできるはずでしたが、２０２０年６月に突然天国に逝かれてしまいました。そのときも人生を深く考えました。

数年前に、「じゃ、また次の出版のときにお会いしましょうね！」と言って明るく別れ、当然のようにまたお会いできると思っていたのが、突然二度と叶わないことがあるのです。

命は、いつ、どうなるか、誰にもわかりません。

だからこそ、精一杯自分の人生を謳歌しなくてはならないのです。

近藤さんに、改めてそんなことを教えていただきました。

どうか、読んでくださったあなたにも、生ききることの大切さが伝わりますように。

いつも応援してくださっているみなさん、同じ時代に生まれ、こうしてご縁を持ち続けられていること、そしていつも応援していただいていること、心より感謝申し上げます。

この本ではじめまして、の読者さんもいらっしゃるかもしれません。

ブログでも、こうした人生についての自己啓発的な内容の記事を毎日投稿しておりますので、もしよろしければ、「美人になる方法」と検索してみてください。

最後までお読みいただきまして、ありがとうございました。

あなたの人生がますます輝き、理想に近づいていきますように！

2021年1月　ワタナベ薫

ワタナベ薫

1967年生まれ。仙台在住。株式会社WJプロダクツ代表取締役であり、他2社を経営する実業家。美容、健康、メンタル、自己啓発、成功哲学など、女性が内面と外側の両方から綺麗になる方法を発信しているメンタルコーチ。2006年から始めたブログは、どんなことがあっても毎日更新。1日3万人以上が訪れる人気カリスマブロガー。過去の様々な経験を通して伝える、決してきれいごとではないメッセージが「ワタナベ節」として20代から60代まで幅広い年齢層の女性の支持を集める。『凛として生きるための100の言葉』(KADOKAWA)、『女は年を重ねるほど自由になる』(大和書房)ほか多数。
ブログ　美人になる方法　https://ameblo.jp/wjproducts1/
株式会社WJプロダクツ　https://wjproducts.jp/

人生《じんせい》を変《か》える33の質問《しつもん》
自分《じぶん》らしく生《い》きるためのワークブック

2021年1月31日　第1刷発行
2023年9月10日　第3刷発行

著者　ワタナベ薫《かおる》
発行者　佐藤 靖
発行所　大和《だいわ》書房
東京都文京区関口1-33-4
電話 03-3203-4511
装丁　吉田憲司(TSUMASAKI)
本文印刷所　信毎書籍印刷
カバー印刷所　歩プロセス
製本所　ナショナル製本

ISBN978-4-479-78528-6

http://www.daiwashobo.co.jp

「ありのまま」ではなく、変わっていくあなたへ――。

人生の質を高める12の習慣

ライフクオリティ向上プログラム

本体1300円＋税

物を減らし、お付合いを減らし、悪い習慣を捨てれば、時間もお金も
自分を向上させるために全部使える! 執着を手放す方法、
譲ってはいけない人生の優先順位など、今の自分に満足していない人へ、
読んで質問に答えるだけで、毎日が輝きだすまったく新しいプログラム!